职业院校
汽车类"十二五"规划教材

工业和信息化高职高专
"十二五"规划教材立项项目

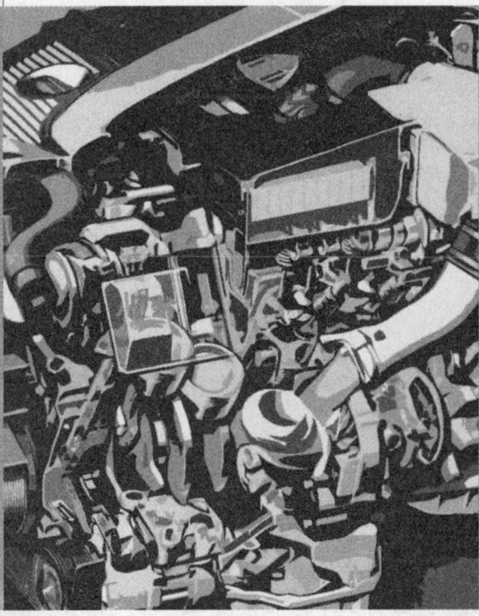

汽车维护

Automotive Maintenance

◎ 郗军红 主编
◎ 尹秀丽 梅秀珍 曲敬渊 鲁哲 副主编

人民邮电出版社
北京

图书在版编目（CIP）数据

汽车维护 / 郗军红主编. -- 北京 : 人民邮电出版社，2013.6（2015.5重印）
工业和信息化高职高专“十二五”规划教材立项项目
职业院校汽车类“十二五”规划教材
ISBN 978-7-115-31329-4

Ⅰ. ①汽… Ⅱ. ①郗… Ⅲ. ①汽车－车辆修理－高等职业教育－教材 Ⅳ. ①U472

中国版本图书馆CIP数据核字(2013)第061641号

内容提要

本书以汽车维护工作过程为导向，按照汽车维修企业的实际工作任务，系统地阐述了汽车维修企业售后服务业务中相关汽车维护知识，突出了项目的可操作性，强化了对相关人员实践及动手能力的培养。全书共分为8个项目，主要内容包括车辆维护业务接待、汽车维护工具使用、新车售前检验、车辆日常维护、车辆5 000km维护、车辆20 000km维护、车辆40 000km维护和车辆非定期维护。

本书可作为高等职业技术学院、高等专学校汽车检测与维修技术专业及相关专业的教学用书，也可作为汽车相关领域专业技术人员的参考用书及培训用书。

◆ 主　　编　郗军红
副 主 编　尹秀丽　梅秀珍　曲敬渊　鲁　哲
责任编辑　刘盛平
责任印制　沈　蓉　杨林杰

◆ 人民邮电出版社出版发行　　北京市丰台区成寿寺路11号
邮编　100164　　电子邮件　315@ptpress.com.cn
网址　http://www.ptpress.com.cn
中国铁道出版社印刷厂印刷

◆ 开本：787×1092　1/16
印张：9.75　　2013年6月第1版
字数：223千字　　2015年5月北京第3次印刷

定价：25.00元

读者服务热线：(010)81055256　印装质量热线：(010)81055316
反盗版热线：(010)81055315

Forward

前言

随着我国汽车工业的发展，汽车养护已成为汽车售后服务的重要组成部分。“七分保养、三分修理”的理念正在被广大车主所接受。目前，汽车维护作业占整个汽车维修企业技术服务总量的70%～80%，汽车维修企业对于汽车维护岗位技术人员的需求量非常大。另一方面，大多数院校并没有将“汽车维护”纳入专业课程体系，而是将其内容分散到其他课程中，这就造成了一般院校的学生对于汽车维护的岗位职责、知识、能力与技巧，以及汽车维护流程与操作要求等，没有进行系统的学习与训练，无法满足当前职业岗位的要求。

为满足当前高职院校教学改革要求，我们将“汽车维护”作为一个专业核心学习领域纳入到了汽车专业的课程体系中。基于汽车维护工作过程组织了教材内容，协调汽车维修领域实践专家精心提炼维护项目，并由丰田“T-TEP”讲师和通用“ASEP”讲师全程参与了教材的编写。全书按照“教、学、做”一体化的理念进行学习情境设计和教学单元设计，相关知识本着“必须、够用”的原则，着重强调项目的可实施性和与实际工作的“零距离”接轨。在表现形式上本书使用了大量便于学生理解的实际操作图片，相关知识后有“任务实施”专栏跟进，强调工作的真实性、规范性和安全性。

通过8个项目的学习和训练，学生不仅能够全面掌握汽车维护理论知识，而且能够熟练规范地进行汽车维护作业，达到高级汽车维修技术员的水平。

本书的参考学时为64学时，建议采用理论实践一体化教学模式，各项目的参考学时见下面的学时分配表。

学时分配表

项　目	课程内容	学　时
项目一	车辆维护业务接待	6
项目二	汽车维护工具使用	6
项目三	新车售前检验	12
项目四	车辆日常维护	4

续表

项　　目	课 程 内 容	学　　时
项目五	车辆 5 000km 维护	8
项目六	车辆 20 000km 维护	8
项目七	车辆 40 000km 维护	12
项目八	车辆非定期维护	8
课时总计		64

本书由烟台职业学院郗军红主编并编写了项目三、项目五、项目六和项目七，梅秀珍编写了项目一和项目二，曲敬渊编写了项目四和项目八，鲁哲参与图片处理工作。此外，在编写过程中，得到了何全民、吴新晓和尹秀丽的支持和帮助，在此深表感谢。

由于编者水平和经验有限，书中难免有欠妥和错误之处，恳请读者批评指正。

编　者

2013 年 1 月

Content

目录

Chapter 1

项目一

车辆维护业务接待

任务描述

某客户新购大众 POLO 轿车一辆，来 4S 店咨询该车定期保养相关事宜。4S 店车辆维护业务接待员对其进行车辆维护业务接待。

能力目标

（1）能够运用一般的礼仪规范接待客户。

（2）能够利用沟通技巧与客户交流。

（3）能够操作客户接待管理软件对客户车辆进行管理。

（4）能够按照接待流程对维护车辆进行问诊、估价、派工及交车。

（5）能够通过对维护车辆的内、外部检查推荐适用的维护方案。

（6）能按工作流程要求准确记录检测信息。

相关知识

一、汽车维护制度解读

1. 汽车维护目的

汽车在使用过程中，由于各零、部件发生摩擦、震动、冲击以及环境影响，汽车各总成、机构及零件逐渐产生不同程度的自然松动、磨损和机械损伤。因此，随着汽车行驶里程的增加，其技术状况会逐渐变差，这时若不采取必要的措施，必然使汽车的动力性、经济性及可靠性下降，严重时会引起事故，出现预想不到的后果。为此，我国建立了“预防为主、强制维护”的汽车维护制度。

汽车维护是指为了维持汽车良好的技术状况或工作能力而进行的作业。根据交通部《汽车运输业车辆技术管理规定》(交通部13号令)，汽车维护应本着“预防为主、强制维护”的原则定期进行。实践证明，对汽车进行及时可靠的维护作业，是防止零、部件早期损坏、减少运行故障、延长其使用寿命的最佳措施。

俗话说“三分修理，七分养护”，以捷达轿车为例，若使用维护得当，无大修行驶里程可达500 000km以上，如果按家用车每年行驶20 000km计算，可使用25年之久。随着汽车技术的发展，整车大修已被总成大修所取代。汽车修理工作量将逐渐减少，维护的工作量将逐渐增多。汽车维修的重点逐渐转移到了汽车维护上，汽车维护的重要性日渐突出。

2. 汽车维护级别划分

在使用过程中，由于汽车的新旧程度、使用地区条件不同，各个时期对汽车维护作业项目也不同。根据汽车不同时期的使用特点，一般将汽车维护分为常规性维护、季节性维护和走合期维护。根据作业周期和性质的不同，汽车维护可分为定期维护和非定期维护。其中定期维护主要包括日常维护、一级维护和二级维护，非定期维护主要包括走合期维护和换季维护。

3. 汽车维护周期

汽车维护周期是指汽车进行同级维护之间的间隔期。我国国家标准《汽车维护、检测、诊断技术规范》(GB / T l8344—2001)关于汽车维护周期的规定如下。

日常维护的周期为出车前、行驶中和收车后。汽车一、二级维护周期的确定，应以汽车的行驶里程或时间为基本依据：

(1)一级维护周期一般为2 000～3 000km或按车辆使用说明书的有关规定进行。

(2)二级维护周期一般为l0 000～18 000km或按车辆使用说明书的有关规定进行。

汽车的品牌不同，其维护周期可能也不同。例如，桑塔纳普通型轿车维护规定为日常维护、7 500km首次维护、15 000km维护、30 000km维护四种级别，桑塔纳Vista型轿车的维护规定为日常维护、7 500km 首次维护、15 000km、30 000km 与 60 000km 维护五种级别，一汽丰田卡罗拉轿车维护规定为日常维护、5 000km、20 000km维护、40 000km维护四种级别。

4. 汽车维护主要工作内容

汽车维护的主要工作是清洁、检查、紧固、调整、润滑、补给等内容。

(1)清洁。包括对空调滤清器滤芯、空气滤清器滤芯的清洁，汽车外表的养护和对有关总成、零部件内、外部的清洁。

(2)检查。检查汽车各总成和机件外表的工作情况和连接螺栓的松紧度等。

(3)紧固。紧固工作的目的是使各机件连接可靠，防止机件松动。重点应对负荷重且经常变化的各机件的连接部位以及各连接螺栓进行紧固和配换。

(4)调整。按技术要求，恢复总成机件的正常配合间隙及工作性能。

(5)润滑。包括对发动机润滑系部件更换或添加润滑油，对传动系及行驶系各润滑点加注润滑油或润滑脂。

(6)补给。对汽车的燃油、润滑油及特殊工作液体进行加注补充，对蓄电池进行补充充电，对轮胎进行补充充气等。

二、车辆维护接待

1. 车辆维护业务接待员礼仪规范

车辆维护业务接待是企业与客户之间的桥梁，业务接待的水平是衡量汽车维修企业好坏的直接标准，影响客户对企业的信任度。车辆维护接待员代表企业的形象、影响企业的收益、反映企业技术管理的整体素质，是汽车维修企业经营管理中一个重要的岗位。

（1）车辆维护业务接待员应具备的条件。从各汽车 4S 店现状的调查和汽车工业的发展水平来看，一个合格的车辆维护业务接待员必须具备下列条件。

① 具有汽车维修专业大专以上文化程度，或者取得中级维修工技术证书，以及具有在维修岗位 5 年以上的工作经验。

② 品貌端正，口齿伶俐，会说普通话，有时还要求会讲当地方言，具有较强的语言表达能力和随机应变能力。

③ 熟悉汽车维修、汽车材料、汽车配件知识及汽车保险知识，并有一定的实践经验。

④ 接受过业务接待技巧的专业培训。

⑤ 熟悉汽车维修价格结算的工艺流程、工时单价和工时定额，具有初步的维修企业财务知识。

⑥ 有驾驶证，掌握企业内部维修软件的一般操作方法。

⑦ 接受过专业培训，熟悉国家和汽车维修行业的有关价格、法律、法规和政策，经主管部门考核合格。

⑧ 具有高度的责任心、良好的职业道德和心理素质。

（2）车辆维护业务接待员礼仪规范。

汽车维护业务接待人员仪表应端庄、整洁，主要有以下几点。

① 按季节统一着装，整洁、得体、大方。

② 衬衫平整干净，领子与袖口不脏。

③ 穿西服应佩戴领带，并注意西服与领带颜色相配。领带不得肮脏、破损或歪斜松弛。

④ 胸卡佩戴在左胸位置，卡面整洁、清晰。

⑤ 穿西服可以不扣纽扣，如果扣，正确的扣法是只扣上边一粒，下边则不扣。

⑥ 胸部口袋只是装饰，不能装东西，如遇隆重场合，仅可装作为胸饰的小花等。其他口袋也不可装许多东西，如果外观鼓鼓囊囊很不雅观。

⑦ 穿深色皮鞋，每日擦亮，不穿破损、带钉和异形的鞋。

⑧ 工作期间不宜穿大衣或过分臃肿的服装。

⑨ 女性服务顾问服装淡雅得体，不可过分华丽。

汽车维护业务接待人员仪容应洁净、自然，主要包括以下几点。

① 头发干净整齐，让所有的客户都有一个好印象。作为服务中心的一员应当有合适的发型。要经常清洗，保持清洁，发型普通，不染发。男性服务顾问不留长发，女性服务顾问不留

披肩发。

② 面部清洁，男性服务顾问应经常剃胡须。女性服务顾问要化淡妆，不能浓妆艳抹，不用香味浓烈的香水。

③ 指甲不能太长，要注意经常修剪。女性服务顾问不留长指甲，不做美甲、不涂有色指甲油。

④ 口腔保持清洁，上班前不喝酒、不吃有异味食品。

汽车维护业务接待人员的举止规范包括以下几个方面。

① 握手。主动热情地伸向客户，表达诚意，但对女客户不可主动先伸手，更不可双手握。

② 微笑。对客户在任何情况下都要保持微笑。

③ 打招呼。主动与客户打招呼，目光注视客户。

④ 安全距离。与客户保持 1 m 左右的距离。

⑤ 作介绍。先介绍主人，后介绍客人。

⑥ 指点方向。紧闭五指，指示方向，不可只伸一个或两个手指。

⑦ 引路。在客人的左侧为其示意前进方向。

⑧ 送客。在客人的右侧为其示意前进方向。

⑨ 交换名片。双手接客户名片，仔细收藏好，不可随意放在桌上；递送名片要双手送出，同时自报姓名。

汽车维护业务接待员的礼仪要求有以下几个方面。

① 客户来到，应面带微笑，主动热情地问候招呼："小姐（先生），您好，我能为您做些什么？"务必使客户感到业务接待员是乐于助人的。

② 对待客户应一视同仁，依次接待，认真问询，做到办理前一个，接待第二个，招呼后一个。在办理前一个时要对第二个说"谢谢您的光临，请稍等"，招呼后一个时要说"对不起，让您久等了"，使所有客户感到不受冷落。

③ 接待客户时，应双目平视对方脸部三角区，专心倾听，以示尊重和诚意。对有急事而来意表达不清的客户，应劝其先安定情绪后再说。此时可说："请您慢慢讲，我在仔细听。"对长话慢讲、语无伦次的客户，应耐心、仔细听清其要求后再回答。对口音重、说话难懂的客户，一定要弄清其所讲的内容与要求，不能凭主观推测和理解，更不能敷衍了事将客户拒之门外。

④ 答复客户的问询，要做到百问不厌，有问必答，用词用语得当，简明扼要，不能说"也许"、"可能"、"好像是"、"大概是"之类模棱两可或是含混不清的话。对一些难以回答的问题，不要不懂装懂，随意回答，也不能草率地说"我不知道"，更不能不耐烦地说"你问我，我问谁"等。应该实事求是地说，"抱歉得很，这个问题现在无法解答，让我了解清楚后再告诉您，请您留下联系电话"。

⑤ 客户较多时，应先问先答，急问快答，不先接待熟悉的客户，依次接待，注意客户表情，避免怠慢。使不同的客户都能得到应有的接待和满意的答复。

⑥ 在验看客户的证件资料时，要注意使用礼貌用语，验看完后要及时交还，并表示谢意，说：

"××小姐（先生），让您久等了，请您收好，谢谢。"

⑦ 对有意见的客户要面带微笑，以真诚的态度认真倾听，不得与客户争辩或反驳，而要真诚地表示歉意，妥善处理。对个别有意为难、过分挑剔的客户，仍应坚持以诚相待，注意服务态度，要热情、耐心、周到，动之以情，晓之以理。

⑧ 及时做好客户资料的存档工作，以便查阅、检索和对客户进行有针对性的服务。

⑨ 坚持服务电话跟踪，及时与客户电话跟踪询问，以体现对客户的尊重。

接听电话时的礼仪要求有以下几点。

① 接打电话时，要坐端正，不要嚼口香糖、吃东西或喝水等，否则客户会感觉到你是在敷衍了事，不尊重他（她）。

② 接打电话前，要准备好笔和记录本，方便通话时记下要点。

③ 电话来时，听到铃声响三声之内要接听。开始通话须说"您好"，并自报××维修服务中心、部门及职务。要认真细心听对方的讲话，同时在记录本上记下要点。未听清时，及时告诉对方。结束通话须礼貌道别，待对方挂断电话，自己再放下话筒。

④ 接打电话时，语音要亲切、自然，吐字清晰，语速适当。

⑤ 客户来电话咨询，应热情帮助解决问题。如不能马上回答，应与来电话的客户讲明等候时间，以免让客户久等，引起误会。

2. 车辆维护业务接待

客户到达维修站后，业务接待人员通过与客户沟通弄清楚客户的维护要求，针对车辆进行内、外部检查并确认维护项目。利用维修管理系统软件，掌握客户车辆档案，根据车辆状况及车间负荷对本次维护进行估价及交车时间预估，并且制作估价单、派工单，取得客户同意后进行车间派工。

车辆维护过程中业务接待人员需监控工作进程以确保在承诺交车时间内交车。维护过程中若发现追加维修项目应及时通知客户，取得客户同意后，再次派工。维修项目完成以后，业务接待员再次检查车辆问题是否得到全面解决，并检查车辆清洁情况，做好交车前准备，然后通知客户提车。

（1）车辆维护业务接待基本流程。汽车维修是汽车维修企业围绕客户及汽车所展开的各项技术服务工作，其中汽车是企业间接的服务对象，客户才是企业直接的服务对象。因而汽车维修企业的业务管理必须充分体现以人为本的特点，围绕客户这一中心展开各项服务活动。汽车维修企业的生产与运作过程就是不断使汽车维修企业的服务流程更具合理性、科学性和经济性，体现服务流程的高效性的过程，以充分适应企业本身的特点，挖掘企业发展的潜力，最大限度地满足客户需求。因而服务流程是一个涉及运作流程设计、客户关系、信息资源、计划管理和市场开发的系统工程。

现代汽车维修企业一般采用以客户为中心的服务运作流程，其步骤如下。

① 预约。倾听客户描述，详细记录。

② 预约准备。全面准备，通知有关人员（配件、车间等）。

③ 维修接待。检查车辆，详细记录，制作任务委托书、估价。

④ 维修。正确地进行所承诺的维修工作。

⑤ 质量检验。检查维修工作质量。

⑥ 交车。解释维修工作并开据发票，陪同客户结账，送走客户。

⑦ 跟踪服务。听取客户意见，进行满意度调查。

（2）预约环节，主要包括以下几方面。

① 预约登记。在一个繁忙的维修服务中心里，接电话的人通常是服务顾问的助手或信息员。之所以不采用服务顾问接听电话的方式，是因为在繁忙的维修中心，服务顾问通常都很忙，要接待很多的客户，无空余的时间接电话。但是，如果维修中心的人员配置没有问题，或者说不是太繁忙的话，也可以由服务顾问来接电话。

接电话的人员首先要在预约登记表上记录有关客户和车辆的详细信息及所要进行的工作。若有专用计算机记录客户详细的信息，可直接将信息输入保存；若是老客户，则可直接调出客户档案及车辆的相关资料进行预约。

② 安排预约时间。为客户预约安排时间，通常以间隔 15min 来进行预约。例如，第 1 个客户如果预约在 9 点钟的话，那就得给服务顾问 15min 的接待时间，持续到 9 点 15 分，第 2 个客户就应该安排在 9 点 15 分，以此类推。第 3 个安排在 9 点半，但第 4 个不应该安排在 9 点 45 分，而应安排在 10 点钟。原因是必须要留有 15min 的应急时间。因为假如在接待第 1 个客户时，由于某种原因拖长了 5min，第 2 个客户就会被延迟 5min，第 3 个也会依次被延迟，如果有了 15min 的机动时间，第 4 个客户就不会受影响。

经过调查研究得知，人们在排队时，最多能忍受 8min 的等候时间。因此，如果有 15 min 的机动应急时间，将不会影响到第 4 个客户。也许有人认为这一刻钟无关紧要，但是往往就是这不起眼的 15min 能够避免客户的拥挤现象。

③ 完成客户委托书的前一部分。接下来，要完成客户委托书的前一部分。通常，委托书最初的部分要记下客户与车辆的信息。客户的信息包括客户的姓名、地址、电话等，车辆的信息包括车辆的牌照、车架号、行驶的里程数等。

④ 向客户提供相关信息。在预约时，要提供给客户相关的信息。例如，客户要做保养，这时应该提供的信息是收费多少。因为这些保养的项目是属于比较标准的维修保养操作，都有标准的报价。如果更换制动片的话，这种普通的维修也可以做出初步报价，因为你知道一个标准的工时费，还知道需要的零件是什么，价钱是多少。所以，这些都可以在电话里面报价。

但是，有一些比较复杂的维修，就不能够在电话里报价了。因为它需要诊断，需要知道用些什么零件，这跟正常的、普通的维修不一样。

此外，在电话里也可以判断客户的车辆是不是需要保险。根据客户的资料，再参考原制造厂提供的资料，就能知道客户的车辆是否包含在专项服务的范围内。

⑤ 确认相关人员及时到位。接下来就要考虑维修技师能否及时到位的问题。如果客户第 2 天早上 9 点来，需要提前确认那时有没有维修技师上班。因为专门搞此类维修或者比较熟练的维修技师

可能被耽搁在其他事情上，或者请假了，这些都是要了解的。

⑥ 确认相关零、部件及时到位。即使客户要做一个首保，或一个正常的保养，也要和零件部门确认所需要的机油滤清器、机油等配件是否到位。如果没有，就要及时通知客户更改预约的时间。

⑦ 接待前的准备工作。接受了客户的要求后，如果第2天上午9点客户要来进行车辆的维修或保养，那么在当天下班以前，就应该做下面相关的准备工作。

（a）写出欢迎牌。可以调出客户的档案、车辆的维修记录及客户的信息单，根据维修预约的记录，准备好对客户的欢迎牌。

现在很多维修服务中心都有欢迎牌，上面写有客户的姓名、车牌号和预约时间。在第二天上班前，把写好的欢迎牌摆在显眼的等候位置。这样，到来的客户看到欢迎牌上写着自己的名字，他（她）会觉得自己受到了尊重。但有些地方，可能会有客户不喜欢自己的名字写在上面，这就要另想他法，或只写车牌号，或者写车的品牌等。

（b）通知备件部门。要通知备件部门准备好第二天所需要的备件，提前把这些备件摆在待领区。这样，车来到以后维修技师、维修工人不需要等待就可以直接到待领区，把零件拿出来，开始工作。

（c）及时与客户取得联系。应该在下班前打电话给预约的客户，提醒他不要忘了第二天上午的预约。对没有如期赴约的客户，必须打电话给他，询问他能不能赶到。如果不能，是不是需要重新安排预约。

（3）业务接待。在整个服务流程中，客户接待这个环节是与客户直接接触的一个环节，也是至关重要的环节。在这个环节里，客户将直接感受到服务的质量，并且会影响客户对企业服务质量和维修质量的评价，进而影响客户的满意度和忠诚度。因此，高效、快捷、周到地接待客户，专业、快速、准确地诊断故障，合理的维修价格和准确的时间估算，会使客户感觉到服务顾问专业、优质的服务，从而增强客户的信任感。

接待的客户可分为预约客户和未预约客户。接待预约客户时，取出已准备好的任务委托书和客户档案，陪同客户进入维修区。这样，客户感到对他的预约十分重视，客户对接待这一环节会很满意。接待未预约客户时，仔细询问并按接待规范进行登记。

① 对客户表示欢迎。客户车辆进入维修服务中心入口处时，门卫要主动为客户打开维修服务中心大门，并向客户敬礼或行注目礼表示欢迎，并引导客户到指定的停车区。当维修服务中心入口处有交通堵塞或交通不便时，门卫应主动进行交通疏导，让客户车辆方便进入。

在预约时间到来以前，要准备好相关资料等待客户到来。对预约的客户或者非预约的客户，甚至突然进来的客户，都要表示欢迎，不要让非预约的客户觉得不被重视。

服务顾问应主动向客户递交名片和维修服务中心的有关服务信息资料。

② 了解客户需求。客户到来之后，要认真了解客户的需求，了解客户到这里来是什么目的，他（她）想做什么样的保养，想做什么样的维修，这些都要首先弄明白。

③ 对车辆进行预检。在做预检时，要当着客户的面，罩上座位套、转向盘套并放好脚垫，然后

把车开到预检台跟客户一起做预检，初步进行故障诊断。

（a）细心聆听客户对故障的描述。

（b）深入地向客户探问以求了解更多的情况。

（c）与客户研讨，要明白客户要做某一维修项目的原因。

（d）环车检查，初步找出故障来源，科学检测诊断，准确找出故障所在。

（e）与客户商妥后，确定维修项目。

（f）尽量满足客户报修以外的其他合理要求。

（g）根据试车检测情况及时向客户提出建议。

（h）遇到难以解决的问题，应与技术主管商讨，找出解决问题的方法。

对将要进行的工作，要注意以下几点。

（a）让客户选择解决方案。例如，客户说车漏油，当你把车举升起来后，看见车的确漏油，这时就要告诉客户有几种解决方案，让客户选择采用哪种方案。

（b）检查配件库有无库存。检查配件库里有没有库存，提出预估的价格，告诉客户大概需要多少钱、多少时间，然后和客户商定交车的时间。当然，交车的时间应该考虑车间的工作量。

（c）出现新问题时的做法。如果在预检时，把车顶起来后，发现它的排气管坏了，或者发现减震器坏了，从而导致车漏油。如果之前客户没有发现，就要向客户建议，告诉他应该做这些维修。

注意，如果客户不接受维修建议，就要把它记录在委托书上，并做说明。特别是涉及安全的维修项目，服务顾问对客户提了建议，但他没有接受，要登记下来，以免以后产生不必要的法律纠纷。

④ 开具任务委托书，主要有以下几方面工作。

（a）取得车辆的基本资料（型号、年份、VIN 码等）。

（b）车况、证件的交接。

（c）随车工具及物品的保管。

（d）与客户商定材料、配件提供方式。

（e）开具任务委托书时，要注意与维修技师沟通有关维修工作。

（f）任务委托书开具后要交给客户过目、签字。

任务委托书是客户委托维修企业进行车辆维修的合同文本，也称为维修合同。任务委托书的主要内容有客户信息、车辆信息、维修企业信息、维修作业任务信息、附加信息和客户签字。客户信息包括客户名称、联系方式等；车辆信息包括牌照号、车型、颜色、底盘号、发动机号、上牌日期、行驶里程数等；维修企业信息包括企业名称、电话，以方便客户联系；维修作业任务信息包括进厂时间、预计完工时间、维修项目、工时费、预计配件材料费；附加信息是指客户是否自带配件、是否带走旧件等，这些都需要同客户作准确的约定。客户签字意味着对维修项目、有关费用、时间的认可。

任务委托书一般至少两联，其中一联交付客户，可作为客户提车时的凭证，以证明客户曾经将该车交付维修企业维修，客户结算、提车时收回。另一联维修企业内部使用，也可兼作维修车间内部派工以及维修技师领取配件材料的依据。如果维修企业使用三联任务委托书，那么除其中一联交给客户之外，企业自用的两联可分别用于维修车间派工以及维修技师领料。具体采用两联还是三联，则由维修企业根据自身实际情况自定。

进厂车辆如果只是进行一般的维护，可以直接同客户签订任务委托书。进厂车辆如果要进行故障维修，业务接待员应对客户车辆进行技术性检查和初步故障诊断，验证故障现象是否同预约中描述的相同，必要时和客户一起试车亲自验证。根据故障现象判定故障原因，必要时还要请技术人员进行仪器检测和会诊，拟订维修方案，估算维修工时费和材料费，预计完工时间，打印好任务委托书，请客户签字。

业务接待员同客户签订任务委托书时，应当向客户解释清楚任务委托书的内容，特别是维修项目、估算维修工时费、材料费和预计完工时间。

⑤ 修竣时间与收费工作应注意以下几点。

（a）工时估价应按照企业规定的不同车型、不同维修项目的统一工时定额和工时费报价。

（b）零、配件应按销售价格报价，特殊订货的配件，价格应适当加乘一定的系数后报价。

（c）客户自购件，应向客户解释正厂件与副厂件的质量差异和价格差异。

（d）对一般维修项目可向客户直接报价，个别维修项目的收费应向客户做必要的解释。

（e）检查客户的保修单和保养单。

（f）估计客户可以取回车辆的时间。若客户对取车时间有疑问，要做出适当回应。

（g）与维修技师商讨有关维修事宜，估算维修总费用。

（h）安排维修时间表时要考虑维修车间的工作量，估算查清楚配件部门有没有所需的零、配件。

（i）计算更换零、配件的费用和工时费。

⑥ 推销增加的服务，应注意以下几点。

（a）在维修中反馈的追加项目和零件的更换应及时与客户进行沟通。

（b）向客户建议额外的维修服务，应解释服务的性质、价格及益处。

（4）预检故障诊断技巧，应着重注意以下几个方面。

① 环车检查。环车检查时，向客户确认有无贵重物品或遗留物。如有，应当场交还客户。环车检查的位置如图 1-1 所示。

图1–1　环车检查位置图

位置 1：

（a）垫着抹布拉开车门。

（b）请顾客提供保修手册。

（c）在得到顾客允许后打开手套箱。

位置 2：

（a）将座椅套、脚垫、方向盘套等物品放置在车内。

（b）找到保修手册，核实发动机号、底盘号和以前的维修记录。

（c）核实里程数，记录燃油量。

（d）检查仪表板和电气元件的工作状况（如果时间允许的话）。

（e）检查前排座椅、仪表台等处是否有顾客遗留的贵重物品。

（f）在从车里出来之前，释放发动机盖拉锁和所有门锁。

位置 3：

（a）垫着抹布关上驾驶员门。

（b）走到位置 3。

（c）记录左前车门、翼子板、发动机盖、后视镜等处的划痕、凹痕或漆伤。

（d）检查挡风玻璃上的划痕。

（e）检查左侧雨刷片是否硬化或有裂纹。

（f）检查左前轮胎是否有不均匀磨损、裂纹等问题。

位置 4：

（a）检查发动机箱里的部件（检查风扇皮带的张紧度、所有油液的存量和质量，是否有机油或水泄漏，电瓶液高度等）。

（b）如果是第一次光临的顾客，再次检查发动机号、底盘号、车型编号。

（c）如果有必要进行故障诊断或路试，请技术员或车间主任来完成。

位置 5：

（a）检查右侧翼子板、右前门、右侧后视镜等处的车身和油漆损伤。

（b）检查右侧雨刷片是否硬化或有裂纹。

（c）检查右前轮胎是否有不均匀磨损和裂纹。

（d）确认轮饰盖是否完好。

位置 6：

（a）检查右侧车身和油漆的损伤情况。

（b）检查是否有贵重物品遗忘在车后座上。

（c）检查右后轮胎是否有不均匀磨损或裂纹。

位置 7：

（a）检查后门车身是否有油漆损伤。

（b）掀起后背门，检查行李箱内是否有遗留的贵重物品。

（c）检查后风挡的雨刷片是否有硬化或裂纹。

（d）确认所有随车工具齐全，确认千斤顶妥善固定在原位（如果时间允许的话）。

位置 8：

（a）检查左侧的车身和油漆损伤。

（b）检查是否有贵重物品遗留在车后座上。

（c）检查左后轮胎是否有不均匀磨损或裂纹。

环车检查时应注意杂物箱是客户的私密空间，在打开之前一定要先征求客户的同意。检查过程中如果发现有损伤部位须向客户指出损伤部位，并建议客户修复，估算费用。征得客户同意后，请客户签字确认。

② 仔细倾听与问诊。汽车故障诊断都是由倾听与问诊开始的，这也是诊断的第一步。仔细倾听与问诊客户对车辆故障的描述，并在工作单上做好记录。

客户来到维修中心之后，会告诉你车辆有故障。这时要确认故障症状，就必须运用有效的询问技巧。客户只是站在他的角度来说明车辆怎么不好的，这时如果完全按照客户的描述进行记录，往往写出来的故障症状是不准确的。所以就要运用有效的提问技巧，询问客户关于故障的情况，这样才能够把故障情况准确地记录在委托书上，才不会误导维修技师的判断。

客户叙述故障症状时，往往会从以下角度进行。

（a）听到什么噪声。噪声一般是由机械故障引起的。

（b）闻到什么气味。常见的是由于高温灼烧所致。

（c）看到了什么。也就是视觉的感受。

（d）驾驶的感受。比如，客户觉得车开起来好像跟以前不一样了，以前动力比较强劲，现在动力好像变小了。

（e）发动机性能。比如，车辆跑起来提速快不快、怠速稳不稳定、功率够不够等，都是发动机性能的问题。

客户一般会从这 5 个角度来对故障做出描述，接待问诊时就可以利用上述 5 种故障症状向客户提问，帮助客户把故障症状描述清楚。在询问时，可以使用一些描述性的问题。和前面的问题不一样，描述性问题的目的是要让客户多说话。通常，当客户告诉你一些情况，你需要对此加以确认时，可以使用一些封闭式问题。

③ 认真检验。听完了客户对故障的描述之后，还不能对这些现象轻易下诊断结论。因为绝大多数客户并不是专业人士，对于汽车本身的认识处于很粗浅的阶段，有时很难说清楚是哪个系统出了故障或者该故障对于某种车型来说并不一定是故障。这就需要接待人员从专业的角度对车辆进行检验，检验看是否像客户所说的那样，是否有新发现。所以不应该为了图省事不进行检验。如果全部照搬车主的叙述，直接制定工作单而不进行核实，就有可能使下一步的维修工作陷入误区。因此检验往往是诊断出故障的关键。

④ 准确判断。有了问诊和检验作为基础，接下来就是要根据前两步来对故障进行诊断，开维修委托单。大部分车主并非汽车专业人士，而作为专业的汽车维修接待人员要将车主的口头描述转化为专业文字制定好维修委托单，以便车间的维修人员进行专业化维修作业。要防止因为文字问题或记录不准确而出现误诊、错诊，这就要求接待人员具有较系统的汽车维修理论知识和一定的维修经验。

（5）维修项目估价。一般车辆接待、预检完后，客户在签订维修任务委托书时都要求了解维修的价格，此时需要对车辆维修项目进行估价。汽车维修与保养的收费内容主要包括工时费用、材料费用和其他费用 3 项。

维修项目估价在实际运用中要灵活掌握，在估价过程中既要维护企业的利益，又要顾及客户要求，做出合理的维修估价，使客户有一种明白消费的感觉。

维修估价时，应明确维修配件是由企业还是由客户提供的、用原厂件还是非原厂件，并应向客户进行说明。凡客户自购配件或坚持要求关键部位用非原厂件的，企业应说明其技术质量的差距，并在任务委托书上写明，由客户签字确认。以下是各收费项目的计算方法。

① 汽车维修工时费。汽车维修工时费是指汽车维修所付出的劳务费用，即完成一定的维修作业项目而消耗的人工作业时间所折算的费用。

为了使汽车维修企业能够规范、统一、客观、合理地计算和收取汽车维修工时费，我国规定汽车维修工时费按统一规定的工时单价与统一规定的定额工时相乘的乘积进行计算。即汽车维修工时费的计算公式为

$$\text{工时费} = \text{工时单价} \times \text{定额工时}$$

汽车维修工时单价是统一规定的完成某种汽车维修作业项目每一小时的收费标准。

汽车维修工时单价的类别一般根据汽车维修作业项目的不同，划分为汽车大修（包括发动机、车架、变速器、前桥、后桥、车身等总成大修）、汽车维护（包括一级维护、二级维护）和专项维修（包括小修）3 种，各类维修作业项目规定不同的工时单价标准。汽车维修工时单价一般由各省交通行业主管部门和物价管理部门统一制定并向社会公布执行。

汽车维修定额工时是统一规定的完成某种维修作业项目所需要的工时限额，通常也称为工时定额。汽车维修工时定额一般也是由各省交通行业主管部门和物价管理部门统一制定并向社会公布执行的。

汽车维修工时定额是汽车维修企业计算和收取汽车维修工时费的最高限额。汽车维修企业在收取汽车维修工时费时，必须严格按照统一规定的维修工时定额标准进行计算。

汽车维修工时定额也根据汽车维修作业项目的不同，规定不同类别的工时定额标准，主要分为以下几类。

（a）汽车大修工时定额。一般根据车辆类别和参数，如客车按座位数，货车按吨位，轿车按型号等参数，规定不同的工时定额标准。

（b）汽车总成大修工时定额。一般根据车辆类别和参数，如客车按座位数，货车按吨位，轿车按型号等参数，规定其各主要总成的工时定额标准。

（c）汽车维护工时定额。一般根据车辆类别、型号、参数等，分别规定其一级维护、二级维护的工时定额标准。各级汽车维护工时定额是指按国家或当地交通行业主管部门规定的汽车维护作业项目的全部工时限额，一般不包括汽车维护作业范围以外的附加维修作业项目的工时。

（d）汽车小修工时定额。一般根据车辆类别、型号、参数等，规定具体的汽车小修作业项目的工时定额标准。

汽车维修工时定额除了用于计算汽车维修工时费以外，在汽车维修企业内部还可用作维修作业派工、维修工作量考核等的依据。

② 汽车维修材料费。汽车维修材料费是指汽车维修过程中合理消耗的材料的费用，一般分为配件费用、辅助材料费用和油料费用 3 类。

（a）配件费用。配件费用包括外购配件费用、自制配件费用和修旧配件费用 3 种。

外购配件费用即使用汽车维修企业购进的汽车配件的费用。按实际购进的价格收费。自制配件费用指使用汽车维修企业自己制造加工的汽车配件的费用。属于国家（或省）统一定价的，按统一

价格收费；无统一定价的，按实际加工成本价收费；对个别加工成本较高的配件，可与客户协商定价。修旧配件费用指由汽车维修企业加工修复的备用旧汽车配件。

（b）辅助材料费用。汽车维修辅助材料费用是指汽车维修过程中消耗的棉纱、砂布、锯条、密封纸垫、开口销、通用螺栓、螺母、垫圈、胶带等低值易耗品。汽车维修过程中此类材料的消耗不易单独核算费用，因此交通行业主管部门和物价管理部门统一规定了汽车维修辅助材料费用定额，作为汽车维修辅助材料费用的收费标准。汽车维修企业应依据汽车维修辅助材料费用定额收取汽车维修辅助材料费用。

汽车维修辅助材料费用定额一般按汽车维修作业的不同类别和车辆的不同型号规定不同的费用定额标准。

（c）油料费用。油料费用是指汽车维修过程中消耗的机油、齿轮油、润滑脂、汽油、柴油、制动液、清洗剂等油品的费用。对汽车维修过程中各种油料的消耗，交通行业主管部门和物价管理部门一般也规定统一的油料消耗定额。各种油料的费用应依据规定的油料消耗定额与油料的现行市场价格进行计算和收取。

汽车维修过程中各种油料的消耗定额，一般也按照汽车维修作业的不同类别和车辆的不同型号规定不同的消耗定额标准。

③ 其他费用。其他费用就是指上述费用以外的、汽车维修过程中按规定允许发生的费用，主要包括材料管理费、外协加工费等。

（a）材料管理费。材料管理费是指在汽车维修过程中使用维修企业的外购汽车配件时，在其购进价格的基础上加收的一部分费用。材料管理费的实质是对汽车维修企业外购汽车配件过程中所发生的采购费用、运输费用、保管费用以及材料损耗等费用的补偿。

在汽车维修过程中，使用维修企业的外购汽车配件时，允许汽车维修企业按规定收取一定比例的材料管理费。材料管理费的计算方法是以汽车维修过程中所消耗的外购配件费用为基数乘以规定的材料管理费率，即

材料管理费=汽车维修过程中所消耗的外购配件费用×材料管理费率

材料管理费率由交通行业主管部门和物价管理部门统一规定，一般为7%～8%。但是在汽车维修过程中使用的辅助材料和油料，以及使用维修企业的自制配件和修旧配件，都不允许加收材料管理费。

（b）外协加工费。外协加工是指在汽车维修过程中，由于承修企业的设备与技术条件所限不能进行的加工项目，由承修企业组织到厂外进行的加工。

外协加工项目如果属于客户报修的维修类别规定的作业范围之外的项目，其外协加工费用规定在作业范围之内，承修企业应按相应的标准工时定额收取工时费用，不得再向客户加收外协加工费。

④ 汽车维修总费用的计算。汽车维修总费用就是工时费、材料费和其他费用3项费用之和，即

维修总费用=工时费+材料费+其他费用

（6）维修后的质量检查，主要注意以下几点。

① 必要时组织进行试车。在维修后进行质量检查时，必要时业务接待人员要安排试车。试完以后，把车放在交车区内。如果试车状况良好，写出试车报告；如果试车的结果有问题，应通知有关

车间的负责人和维修技师进行补救。

② 更新工作控制牌。有时，维修补救行动会导致交车时间的延迟，因此要更新工作控制牌，并及时通知客户。

③ 对全车进行检查。服务顾问在通知客户取车前，要进行最后一道检查，即应该做的工作是不是已经做完，更换下来的零件放在何处，所有应该更换的零件都更换了没有，车里面是不是已经打扫干净，车身是不是已经洗干净，这些都是业务接待人员最后要做的检查工作。

④ 在维修单上签名。最后业务接待人员要在维修单上签名，然后标上质量检查完毕的标志。

（7）结账与交车。交车，是业务接待员与客户接触的很重要的环节。在这个环节中，业务接待员要注意如何使客户满意。

① 核算结账清单。在通知客户交车以后，业务接待员审验完维修任务委托书后，确认无误，做好相应记录，将任务委托书送交收银台进行核算。收款员检查任务委托书、材料单和其他凭证（如外部维修加工单等）是否齐全，检查出库的材料是否与任务委托书要求的维修范围一致，并将确定项目进行核对、核算。

② 带领客户验车。当客户来取车时，业务接待员应亲自带领客户查看一下维修完毕的车辆，向客户详细地解释工作的完成情况，比如做了些什么工作，哪些是免费的，都要和客户说明，还要说明已经进行了全面的质量检查。

业务接待员要向客户指出车辆依然存在的问题，指出这辆车以后还有什么问题必须修理，只是现在不是很紧急，可以留到下一次进行修理，下一次的保养时间应该是什么时候。所以在这个时候，也是业务接待人员与客户产生另外一个新预约的时机。每一次同客户接触时，业务接待员都要尽量做到与客户有一个新的预约。

③ 带领客户审验维修项目。带领客户按照任务委托书审验维修项目，确认所有要求已满足。审验维修项目的过程中，积极向客户解释维修的过程。此时应带上损坏的零件来帮助进行说明，能对客户的信任产生积极的影响。这样也可以避免客户认为企业提供的服务过于昂贵。

④ 结账、交车。最后，业务接待员必须引导客户到收银台，同时感谢客户对其工作的关照，并且告诉收银台的工作人员，如果客户有什么问题，直接带客户来见他（她）。结完账后，带领客户到交车区交车。

（8）跟踪回访。在客户取车后的 3 个工作日内，要给客户打个追踪电话，以了解客户对本次维修服务是否满意。通常，在一个繁忙的维修中心里面，这个工作是由信息员来做的。但是，也有些维修服务中心是让业务接待员来做的。

项目实施

一、项目实施环境

（1）需维护的车辆。

（2）维修任务委托书、车辆保护套及其他相关资料等。

二、项目实施步骤

1. 任务导入

客户来 4S 店要求对其威驰轿车做 40 000km 定期保养。他没有预约，只是为了使汽车继续符合保修条件。目前行驶里程为 39 800km，作为售后服务顾问，请你对该客户实施维护业务接待。

2. 实施步骤

（1）第一步：接待。

① 引导用户停车。

② 迅速开车门迎接客户。

③ 对待初次见面的客户应先做自我介绍。

④ 询问客户姓名，确认客户是否已作了预约。

说明：对于预约客户，根据派工单记载，与用户核对故障和价格、维修派工；对于快修客户，询问调度工位、指引用户直接开进快修区。

（2）第二步：问诊预检。

① 获取客户车辆信息。

② 确认客户的维护要求。

③ 验证车辆问题。

④ 车辆保护。

⑤ 检查车辆内饰及功能。

⑥ 环车外观检查。

⑦ 根据车况和维修历史对车辆进行检查，以判断是否还需要其他维修。

⑧ 判断要进行的工作是否在保修范围之内，并向客户解释发现的问题。

（3）第三步：开具维修任务委托书。

① 在任务委托书上记录车辆外观和车上设备、物品、油量等情况。

② 整理客户要求并根据故障原因制订维修项目。

③ 仔细、认真、完整地填写任务委托书。

④ 向客户解释维修任务委托书的内容和所需做的工作。

⑤ 请客户在委托书上签字确认，服务顾问签字后给客户一个副本。

（4）第四步：估价。

① 估计维修费用和承诺交车时间。

② 向客户解释估计维修费用和承诺交车时间，并提供书面材料。

③ 将维修价目表上固定价格展示给客户。

（5）第五步：派工。

① 制作派工单。

② 向客户解释派工单上内容并签字。

③ 向车间主管派工。

④ 监控工作进程，以保证车辆在约定的时间内交车。

⑤ 如果约定的交车时间有变动或有附加维修 / 费用，请立即和客户取得联系并征得客户同意。

⑥ 根据和客户联系的结果更新派工单。

（6）第六步：结账、交车。

① 检查派工单,以确保所有项目都已得到了解决。

② 核对维修费用。

③ 检查车内清洁。

④ 确保完成所有的书面工作,并通知客户提车。

⑤ 向客户详细说明完成的工作和费用。

⑥ 向客户证明车辆问题得以解决。

⑦ 询问旧件处理方式。

⑧ 指引客户结账。

⑨ 提醒下一次定期维护时间。

⑩ 欢送客户。

知识拓展

汽车 4S 店简介

一、4S 店概述

汽车 4S 店是一种以“四位一体”为核心的汽车特许经营模式，包括整车销售（Sale）、零配件（Spare Part）、售后服务（Service）、信息反馈（Survey）等。它拥有统一的外观形象、统一的标识、统一的管理标准、只经营单一品牌等特点。汽车 4S 店是一种个性突出的有形市场，具有渠道一致性和统一的文化理念，4S 店的核心含义是“汽车终身服务解决方案”。4S 店在提升汽车品牌、汽车生产企业形象上的优势是显而易见的。

4S 店是 1998 年以后才逐步由欧洲传入中国的。由于它与各个厂家之间建立了紧密的产销关系，具有购物环境优美、品牌意识强等优势，一度被国内诸多厂家效仿。4S 店一般采取一个品牌在一个地区分布一个或相对等距离的几个专卖店，按照生产厂家的统一店内外设计要求建造，投资巨大，动辄上千万，甚至几千万，豪华气派。

二、4S 店的优势

1. 专业方面

4S 店只针对一个厂家的系列车型，有厂家的系列培训和技术支持，对车的性能、技术参数、使用和维修方面都是非常地专业，做到了“专而精”。而普通汽车经销商接触的车型多，对每一种车型都不是非常地精通，只能做到“杂而博”，在一些技术方面多是只知其一，不知其二。

2. 信誉度方面

4S 店有一系列的客户投诉、意见、索赔等管理系统，给车主留下良好的印象，而普通改装店由于人员素质、管理等问题，经常是出了问题找不到负责人，相互推诿，互相埋怨，给车主留下非常恶劣的印象。以前4S店没有经营汽车用品，车主是没有选择的，只能去零售改装店。现在4S店经营这方面业务，客户肯定不会舍近求远，4S店将是他们的第一选择。

3. 售后服务保障方面

随着竞争的加大，4S店商家越发注重服务品牌的建立，加之4S店的后盾是汽车生产厂家，所以在售后服务方面可以得到保障。

4. 人性化方面

在4S店，车主能够真正享受到“上帝”的感觉，累了有休息室，渴了有水喝，无聊时可以看杂志、书刊、报纸，上网。如果急着用车还有备用车供你使用，整个流程有专门的服务人员为你打理，不用自己操心就能完成整个业务。

三、4S店各岗位的岗位职责

1. 总经理岗位职责

（1）全面负责公司的日常经营、管理工作。

（2）负责调研与分析市场和行业现状，结合集团战略规划制定公司中、长期发展战略规划，组织实施公司年度经营计划和发展规划。

（3）负责组织制定年度预算及年度工作计划，并有效地分解成月工作计划，通过检查、调控、监督和考核等过程管理，保障各项计划及指标的完成。

（4）负责完善4S店各项管理，健全岗位职责目标，持续改进各项业务流程，对经营过程实施有效地监督、指导、考核，并保证企业可持续发展。

（5）负责公司公共关系、厂家关系的沟通，网点经销商的开发、支持，组织经济协议的洽谈和经济合同的签订。

（6）负责市场信息、宣传推广、客户拓展和服务联络等工作，组织市场调研工作，挖掘市场潜力，扩大市场份额。

（7）负责推动各项管理规章制度的建立和完善，量化管理流程，严格推行品牌总公司的管理体制。

（8）负责协调、激励下属部门的工作，坚持6S管理，并严格进行量化考核。

（9）负责对下属员工予以支持、鼓励、培训、考核，打造团结、高效、优质、和谐的团队。

2. 人事行政经理岗位职责

（1）负责组织公司工作规定、报告、总结及决议等文件的成文工作，组织制定公司规章制度，发布有关事项的通告、通知等。

（2）负责公司企业文化的规划及宣传工作。

（3）负责公司运行过程中的法律相关事务及文书档案的管理和保密工作。

（4）负责公司各项证照的审核、年检工作。

（5）负责对公司固定资产、办公设备的管理工作。

（6）负责公司各项规章制度的组织学习和落实、检查工作。

（7）负责管理公司的后勤服务保障工作。

（8）负责公司组织架构、人力资源规划和开发工作。

（9）负责人力资源招募、员工培训工作。

（10）负责公司人力资源绩效考核、激励制度及职业发展规划工作。

（11）负责公司员工关系及薪酬福利管理工作。

（12）完成领导交办的其他任务。

3. 人事专员岗位职责

（1）负责协助人事行政经理完成公司组织架构规划，制定并落实公司人力资源规划工作。

（2）负责公司招聘、培训、员工入职、转正、离职等工作的综合管理。

（3）负责公司员工薪酬、福利、社会保险等工作的综合管理。

（4）负责做好员工考勤、奖惩管理，并调查各部门对考勤、奖惩的执行情况。

（5）负责公司人事档案、劳动合同的管理工作。

（6）负责每月各项人事报表的处理工作。

（7）完成领导交办的其他任务。

4. 行政专员岗位职责

（1）负责协助人事行政经理完善、落实公司的各项规章制度，并监督执行情况。

（2）负责公司各项工作、规定、报告、总结、会议等文件的成文工作。

（3）负责公司各项文件的接收和发放工作。

（4）负责协助人事行政经理对公司固定资产、办公用品的管理工作。

（5）负责协助人事行政经理管理公司后勤服务保障工作。

（6）负责公司各项证照的审核、年审工作。

（7）完成领导交办的其他任务。

5. 销售经理岗位职责

（1）根据公司下达的销售目标制定相应的工作计划，并组织实施，监督完成。

（2）负责研读并领会厂家下发的商务政策，并对厂家要求的各项工作组织监督实施完成。

（3）负责月初制定每月销售任务及工作目标、计划，报总经理处。

（4）负责制定和落实针对销售顾问的培训计划，并对其进行考核。

（5）负责对销售顾问每日的工作进行监督、抽查，督促销售顾问严格按销售流程、业务流程执行。

（6）负责对销售及市场信息的整理和分析。

（7）负责对市场的情况进行判断和预测，掌握市场的动态情况。

（8）负责对销售部所有人员的组织、管理和考核工作。

（9）负责督促信息部定期向厂家上报报表，掌握车辆动态的销售状况。

（10）完成领导交办的其他任务。

6. 展厅经理岗位职责

（1）协助销售经理制定每月的销售计划，并组织实施，督促完成。

（2）负责展厅的日常管理，包括销售人员的日常行为规范、接待礼仪、展厅的卫生安排、展厅人力和物力资源的合理安排。

（3）负责协助销售经理制定培训计划，定期给销售人员培训（产品培训、市场营销相关知识培训等），并对培训效果进行考核。

（4）对销售顾问每日接待工作进行监督、抽查（如销售表卡、客户回访等），督促销售人员严格按销售流程、业务流程执行。

（5）负责协助销售经理组织安排员工参与市场活动，贯彻实施活动并对活动进行跟进，及时进行活动信息反馈。

（6）负责领导销售顾问完成销售经理下达的展厅销售目标，做好展厅内的销售工作，协助销售经理进行绩效考核；

（7）负责规范销售团队行为，监督销售团队遵从公司服务准则和日常行为标准，提升团队凝聚力。

（8）负责跟踪和控制销售计划完成进度，进行销售现场管理，对销售顾问工作进行监督和指导。

（9）负责协助解决客户投诉。

（10）完成领导交办的其他任务。

7. 大客户专员岗位职责

（1）开发、搜寻新的目标客户，扩展潜在客户。

（2）开发销售渠道，同时发展二网，与销售经理沟通，选择正确的客户拓展渠道。

（3）维护客户关系，定期拜访客户。

（4）及时反馈客户信息，帮助客户解决难题。

（5）完成大客户销售任务目标。

（6）调查分析潜在大客户。

（7）定期拜访二网，对二网进行工作支持。

（8）统计分析现有客户的需求及信息资料。

（9）协调公司与客户之间的关系，提高客户满意度。

（10）完成领导交办的其他任务。

8. 整车库管岗位职责

（1）负责与生产厂家的销售部门和运输部门联络沟通，保证车辆及时到达公司。

（2）负责商品车辆的接收、检验、编号、入库及车钥匙、随车文件的保管发放。

（3）保证商品车的安全、完好、清洁。在商品车的销售过程中做到先进先出。对不合格车辆予以退回或及时索赔，保证车辆合格率为100%。

（4）每日核对商品车数量，建立健全商品车进、销、存报表及商品库存表。

（5）每月对商品车实物及账务进行核对、上报公司相关部门。

（6）负责认真完成公司的派车任务以及区域之间的调车工作。

（7）完成领导交办的其他任务。

9. 销售顾问岗位职责

（1）认真贯彻厂家的销售政策，在展厅经理的领导下，组织开展整车销售业务。

（2）严格执行公司各项规章制度（考勤、展车、6S、整车出入库、精品出库、按揭办理、保险、上牌）及接待流程、交车流程。

（3）负责销售统计及信息反馈，确保数据（客户信息、到店流量、潜客分析、潜客跟进、订单及成交订单）的准确性、及时性。

（4）对客户满意度负责，端正工作态度和服务态度，提高销售能力和销售质量,处理好相关投诉。

（5）积极参加各项培训，提高自身的专业技能和综合素养。

（6）配合公司开展外展、外拓工作，并配合销售经理开好晨会、夕会、周会、月会工作。

（7）完成领导交办的其他工作。

10. 服务经理岗位职责

（1）负责售后服务部工作的整体运作，确保用户满意。

（2）制定策略，实现公司所制定的业绩目标。

（3）负责掌握售后服务部业绩指标的完成情况，并对其进行监控和督促。

（4）负责建立所辖区域售后服务管理体系，完善各项工作管理流程和程序。

（5）领导和激励下属员工，使所有员工的思维和行动都以客户为中心。

（6）根据每月实际目标达成情况进行总结、分析，并制定与落实改善计划。

（7）及时处理并解决客户投诉，针对客户投诉反映的问题制定改善措施。

（8）组织并安排维修部人员的日常培训工作，提升车间技术能力及前台人员的业务能力。

（9）负责前台、车间及配件部各项日常工作的协调。

（10）负责与大区服务主管联系、落实好各项工作。

（11）完成领导交办的其他任务。

11. 维修主管岗位职责

（1）协助服务经理在售后服务部开展技术管理工作。

（2）负责维修车间维修质量工作，并形成质量分析月报。

（3）负责组织成立内部技术攻关组，对疑难问题进行攻关。

（4）负责组织对车间人员各种维修技能的培训。

（5）负责规范使用专业工具。

（6）负责售后服务部维修工具和设备的统一订购，对维修工具和设备进行管理。

（7）对直接下属的日常工作进行监督考核。

（8）负责制定关于维修质量、培训、工具、资料等的管理制度。

（9）完成领导交办的其他任务。

12. 三包索赔员岗位职责

（1）开展新车首次保养的索赔工作以及正常维修车辆配件的索赔工作。

（2）保存好每天的单据，每日进行单据整理。

（3）在坚持三包原则的基础上维护客户的正当权益，负责对客户的解释工作。

（4）将索赔件按时返厂，协助财务人员与厂家结算三包费用。

（5）与厂家就索赔信息和政策进行定期的沟通。

（6）熟悉车辆配件名称，懂得三包范围内的所有零件，以及零件三包的时间。

（7）将索赔配件上贴好标签，摆放到指定位置。

（8）负责填写、打印信息报告，以及申请单填写工作。

（9）负责每月保修零配件申请表汇总存档工作。

（10）完成领导交办的其他任务。

13. 服务顾问岗位职责

（1）引导、受理用户预约工作。

（2）负责预约准备工作的落实。

（3）负责维修车辆用户的登记、接待工作。

（4）负责客户来店维修时的各部门协调工作。

（5）负责用户车辆的故障诊断。

（6）向车间主管下达维修派工单。

（7）负责客户委托书的签订。

（8）积极处理客户抱怨。

（9）完成领导交办的其他任务。

14. 备件主管岗位职责

（1）负责配件订货计划的制度和库位改善工作，建立合理的备件库存量。

（2）负责制定配件的储备上、下限定额。

（3）负责到货配件的入库。

（4）负责新车计划、配件知识的培训工作。

（5）负责紧急件的订货管理。

（6）负责对新老车型、库存限额制定合理的计划。

（7）负责提升部门员工专业能力和现场管理能力。

（8）配合财务部进行每月的盘点工作。

（9）完成领导交办的其他任务。

15. 仓库管理员岗位职责

（1）负责材料及零配件的验收、入库、码放、保管、盘点、对账等工作。

（2）负责保持仓库内部的货品和环境的整洁卫生工作。

（3）负责仓库日常物资的挑选、复核及发货工作。

（4）负责进库后建卡、入账，并做到账、卡、物三结合。

（5）完成领导交办的其他任务。

16. 维修工岗位职责

（1）根据前台和车间主任的分配，认真、仔细地完成维修工作。

（2）负责在维修过程中对客户车辆采取有效的防护措施。

（3）负责按委托书项目进行操作，在维修过程中出现问题，要及时向维修主管汇报。

（4）对每个维修项目必须自检，合格后转到下个工序。不断提高专业技术，保证维修质量。

（5）耐心、周到、热情地解答客户相关疑问，提高服务质量。

（6）仔细、妥善地使用和保管工具、设备及资料。

（7）负责维修后的整理工作，做到油、水、物"三不落地"，保持车间整洁、有序，开展 6S 的具体实施工作。

（8）完成领导交办的其他工作。

17. 财务经理岗位职责

（1）坚持原则,忠于职守，自觉维护公司的权益，认真贯彻执行财经纪律和公司的各项规定。

（2）负责设计公司适当的账务处理办法使其既符合会计制度规定又满足税收法规的要求。

（3）细化会计核算办法，使核算结果既能满足公司外部的需要，又能最大限度地满足公司内管理的要求。

（4）负责记账凭证、会计报表的复核工作，并在每月初对公司的各种明细账薄进行例行检查和必要的实物抽查，以保证账账、账表、账实的准确衔接。

（5）监督并协助会计人员完成凭证汇总、账簿登记、报表编制及纳税申报工作。

（6）负责各项业务付款及费用报销的审核工作。

（7）负责与厂家对接财务方面的相关工作。

（8）每月末对公司经营情况做出财务分析，并上报有关领导。

（9）负责财务部日常管理，协调本部门和公司其他部门的工作关系。

（10）负责税务检查和审计的接待工作。

（11）编制公司年度决算报告和财务预算报告。

（12）负责组织部门工作例会及部门员工的培训工作。

（13）完成上级领导临时交办的其他工作。

18. 主办会计岗位职责

（1）配合财务经理管理公司的日常工作，直接对财务经理负责。

（2）负责凭证的录入、总账及明细的账务处理，编制月报、季报、年度报表，提供管理所需要的其他报表及资料。

（3）负责财务软件凭证及各科目的审核。

（4）负责资金的盘点工作。

（5）负责进项税票的登记、认证，及申报纳税工作。

（6）负责固定资产、低值易耗品、配件和整车的登记、盘点工作。

（7）负责折让的审核及采购与销售折让的统计和对接，负责厂商三包核对与经销商三包的统计对接。

（8）负责往来账款的核对。

（9）负责发票和财务印章的保管。

（10）负责整理和保管会计档案。

（11）负责出纳的培训工作。

（12）完成领导交办的其他任务。

19. 出纳岗位职责

（1）负责审核收款和付款凭证，审核配件入库单、出库单和维修单，并与配件系统进行核对，及时反映价格的变动情况，审核维修收入日报表。

（2）及时登记现金和银行存款日记账，日清月结、账实相符，按月编制银行存款余额调节表。

（3）及时传递原始凭证，编制现金和银行存款收支清单。

（4）及时规范处理银行存兑汇票。

（5）统计融资额度、融资车辆，保管和登记融资车辆合格证，及时还款，及时反映融资车辆到期情况。

（6）保管合格证，负责整车的盘点工作。

（7）负责整车和维修发票的开票工作。

（8）负责收银员的培训工作。

（9）配合主办会计工作。

（10）完成领导交办的其他工作。

20. 收银员岗位职责

（1）做好收费结算工作。

（2）领取、使用、管理和归还收银备用金。

（3）制作、打印、核对收银相关凭证。

（4）汇总收据、发票，编制相关报表。

（5）根据收款凭证登记现金和银行日记账，并将凭证送至主管会计。

（6）妥善保管收银备用金。

（7）完成领导交办的其他任务。

21. 市场经理岗位职责

（1）协助销售经理、服务经理制定产品不同时期的广告营销、服务营销策略。

（2）及时向厂家提交相关市场活动计划、总结及其他相关资料。

（3）及时收集竞争品信息，并加以整理、分类，制作调研报告，及时反馈给销售部。

（4）负责市场促销活动的策划、组织、实施工作。

（5）及时对广告活动的效果进行评估及总结，分析广告实施的有效性，对比投入产出。

（6）负责厂家的市场活动对接。

（7）协助展厅进行布置。

（8）负责对门户网站、媒体关系及客户关系的维护。

（9）负责本部门员工的培训工作。

（10）完成领导交办的其他任务。

22. 市场专员岗位职责

（1）负责协助市场经理收集、分析市场信息。

（2）负责各种物料的制作、管理及展厅的布置。

（3）负责协助市场经理进行市场推广活动。

（4）负责网站、论坛暨网上平台的维护和信息的发布。

（5）负责与厂家对接，完成各种市场报表的填报。

（6）完成领导交办的其他任务。

23. 信息主管岗位职责

（1）协助销售部安排好区域间的调车工作。

（2）负责部门员工的业务培训工作。

（3）负责督促信息员完成各种销售报表的填制。

（4）与销售经理沟通，向其反馈库存明细信息。

（5）负责信息上报、订单工作。

（6）每日查看销售通报。

（7）根据系统显示，及时向财务提出汇款申请。

（8）负责公司各类信息的汇总和传达。

24. 信息员岗位职责

（1）根据公司交车情况，及时、准确更改销售看板。

（2）负责信息上报、订单工作。

（3）每日查看销售通报。

（4）根据系统显示，及时向财务提出汇款申请。

（5）记好车辆库存明细，及时上报信息主管和销售部。

（6）做好信息上报工作，确保交车客户资料的完整性。

（7）负责与厂家对接，填制各种销售报表。

（8）完成领导交办的其他任务。

课后自测

一、填空题

（1）汽车维护应本着“________________、________________”的原则定期进行。

（2）汽车维护根据作业周期和性质不同，可以分为________________和________________维护。

（3）车辆维护业务接待员利用维修管理系统软件，掌握客户车辆档案，根据车辆状况及车间负荷对本次维护进行估价及估计________________，并且制作________________、________________，取得客户同意后进行车间派工。

（4）现代汽车维修企业一般采用以________________为中心的服务运作流程。

（5）为客户预约安排时间，通常以间隔________来进行预约。

（6）委托书最初的部分要记下客户与车辆的信息。客户的信息包括客户的姓名、地址、电话等，车辆的信息包括________、________和________等信息。

（7）接待员在做预检时，要当着客户的面，罩上________、________和脚垫，然后把车开到预检台跟客户一起做预检，初步进行________。

（8）车辆维修任务委托书是客户委托维修企业进行车辆维修的合同文本，也称为________。

（9）汽车故障诊断都是由倾听与________开始，这也是诊断的第一步。

（10）汽车维修与保养的收费内容主要包括________、________和其他费用3项。

（11）汽车维修工时定额可根据汽车维修作业项目的不同，规定不同类别的工时定额标准。一般主要分为以下4类，包括汽车大修工时定额、________、汽车维护工时定额和汽车小修工时定额。

二、简答题

（1）定期维护和非定期维护主要包括哪些类型的维护？

（2）汽车日常维护、一级维护和二级维护的周期是怎么确定的？

（3）汽车维护的主要内容有哪些？

（4）车辆维护业务接待员的礼仪规范主要有哪些？

（5）车辆维护业务接待的基本流程是怎样的？

（6）车辆维护业务接待的预约环节主要有哪些工作需要做？

（7）车辆环车检查的主要内容有哪些？

（8）引导客户进行故障症状描述时，一般从哪几个角度进行？

（9）什么是汽车维修工时费？

（10）什么是外协加工？

Chapter 2

项目二 汽车维护工具使用

任务描述

某客户来4S店进行车辆40 000km保养，该保养要求技术人员能熟练选用各种常用工具、测量仪器和设备等实施该工作。这些常用工具、测量仪器和设备都有各自的特点和使用方法及注意事项，只有选用得当才能保证工作安全性和准确度。

能力目标

（1）能规范使用常用维护工具。

（2）能规范使用常用测量工具。

（3）能规范、安全使用举升设备。

（4）能根据作业要求合理选用维护工具。

（5）能对常用维护设备、工具进行例行保养。

（6）能正确执行操作规范和安全规章。

相关知识

一、汽车维护常用工具的使用

1. 开口扳手

（1）结构与功用。开口扳手（见图2-1）是汽车维护中常用的工具之一，一般用在不能用成套套筒扳手或梅花扳手拆除或更换螺栓、螺母的位置。由于其不能提供较大扭矩，由此不能用于最终拧紧。开口扳手的特点是使用方便，对于标准规格螺栓、螺母均可使用。常用的开口扳手有：5.5～7、8～10、9～11、l2～14、13～l5、l4～l7、l7～19、21～23、22～24等。

（2）使用方法如下。

① 根据螺栓、螺母的尺寸，选用合适规格的开口扳手。

② 将扳手的开口垂直或水平插入螺栓头部。

③ 将扳手较厚的一边置于受力大的一侧，扳动扳手。

（3）使用注意事项主要有以下几点。

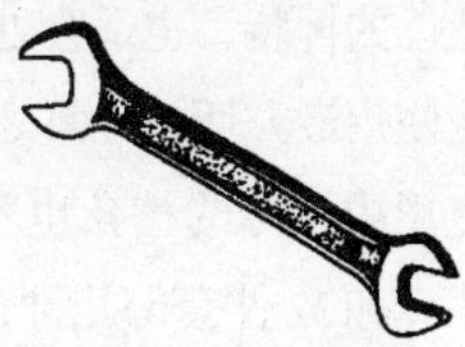

图2-1 开口扳手

① 不能用于拧紧力矩较大的螺栓、螺母。

② 使用时应将扳手手柄往身边拉，切不可向外推，以免将手碰伤（见图2-2）。

③ 扳转时不准在开口扳手上任意加套管、锤击，以免损坏扳手或损伤螺栓、螺母的棱角。

④ 禁止使用开口处磨损过甚的开口扳手，以免损坏螺栓、螺母的棱角。

⑤ 不能将开口扳手当撬棒使用。

⑥ 禁止用水或酸、碱液清洗扳手，应先用煤油或柴油清洗后再涂上一层薄润滑油，然后保管。

2. 梅花扳手

（1）结构与功用。梅花扳手（见图2-3）的工作部分呈封闭的12角梅花环状，套住螺母扳转时六角受力均匀。因此，拆装时能承受较大的扳转力矩，且对螺栓或螺帽的棱角损害小，使用比较安全，适用于拆装所处空间狭小的标准规格的螺栓、螺母。特别是螺栓、螺母需用较大力矩拆装时，应尽量使用梅花扳手。常用的梅花扳手尺寸型号有：5.5～7、8～10、9～11、l2～14、13～15、14～17、17～19、21～23、22～24等。

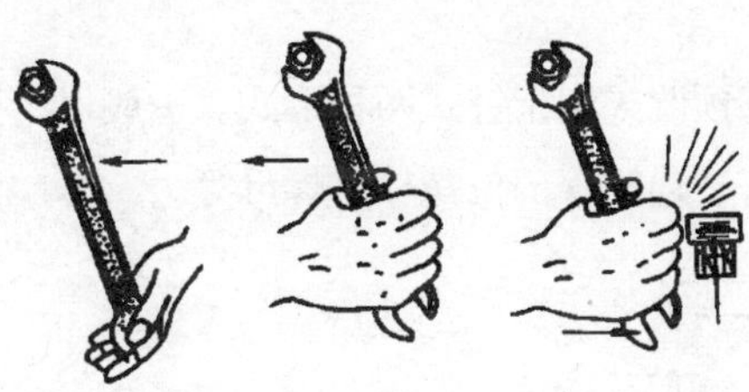

（a）不正确　（b）正确　（c）不正确

图2-2 开口扳手的使用

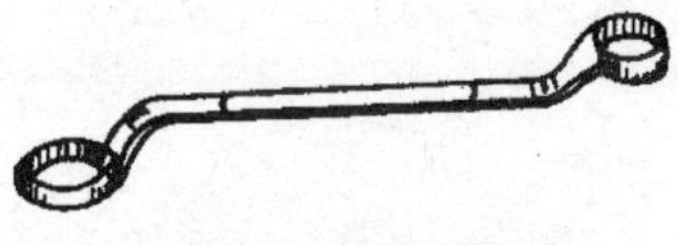

图2-3 梅花扳手

（2）使用方法如下。

① 根据螺栓、螺母的尺寸，选用合适的梅花扳手。

② 将扳手垂直套入螺栓头部。

③ 轻扳转时，手势与开口扳手相同；用力扳转时，四指与拇指应上下握紧扳手手柄，往身边扳转。

（3）使用注意事项主要有以下几点。

① 扳转时，不准在梅花扳手上任意套加力套管或锤击。

② 禁止使用内孔磨损过甚的梅花扳手。

③ 不能将梅花扳手当撬棒使用。

3. 套筒扳手

（1）结构与功用。套筒扳手（见图2-4）由一套不同规格的套筒和接杆、棘轮手柄等附件组成，对标准规格的螺栓、螺母均可使用。套筒扳手可以根据需要任意组合使用，既适合一般部位螺栓、螺母的拆装，也适合处于深凹部位和隐蔽狭小部位的螺栓、螺母的拆装，并有拆装速度快的特点，是使用最方便的工具之一。套筒扳手使用灵活而且安全，使用中螺母的棱角也不易被损坏。常用的套筒扳手有24件套和32件套等几种，套筒规格有6～24 mm和6～32 mm两种。

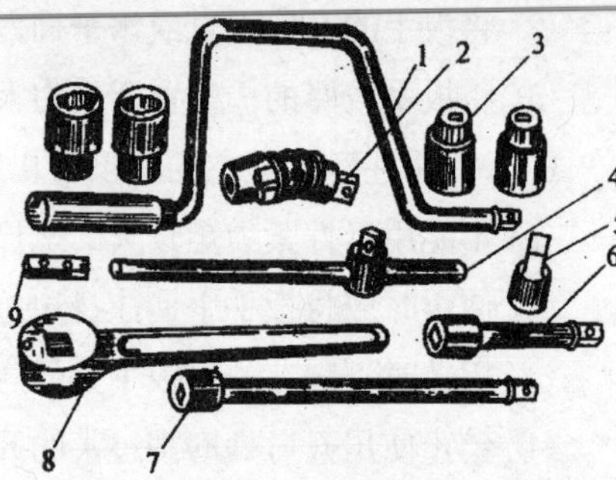

图2-4 套筒扳手

1—快速摇柄；2—万向接头；3—套筒；4—滑头手柄；5—旋具接头；6—短接杆；7—长接杆；8—棘轮手柄；9—直接杆

（2）使用方法如下。

① 使用时根据螺栓、螺母的尺寸选好套筒。

② 将套筒套在快速摇柄的方形端头上（视需要可与接杆或短接杆配合使用）。

③ 再将套筒套住螺栓或螺母，转动快速摇柄进行拆装。

（3）使用注意事项主要有以下几点。

① 不准拆装过紧螺栓、螺母。

② 用快速摇柄拆装时，握摇柄的手切勿摇晃，以免套筒滑出或损坏螺栓、螺母的六角。

③ 禁止用锤子将套筒击入变形的螺栓、螺母的六角进行拆装，以免损坏套筒。

④ 禁止使用内孔磨损过甚的套筒。

⑤ 工具用毕，应清洗油污，妥善放置。

4. 扭力扳手

（1）结构与功用。常用的扭力扳手（见图 2-5）有预调式和指针式两种形式。一般用于有规定拧紧力矩的螺栓、螺母的拆装，如缸盖、曲轴主轴承盖、连杆等部位螺栓、螺母等。

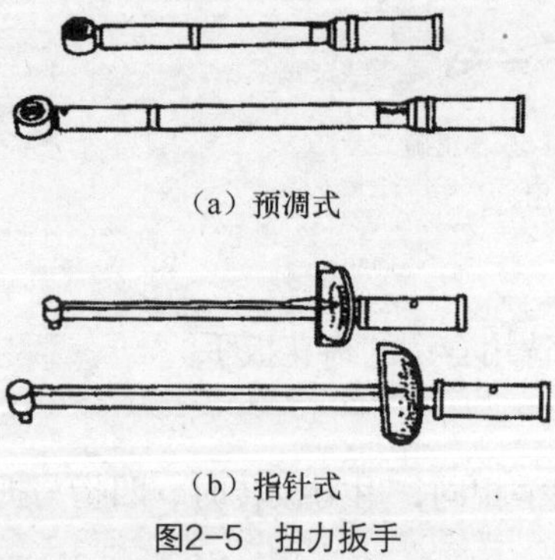

（a）预调式

（b）指针式

图2-5 扭力扳手

（2）使用方法如下。

① 将套筒插入扭力扳手的方芯上。

② 用左手把住套筒，右手握紧扭力扳手手柄往身边扳转。

③ 预调式扭力扳手使用前先将力矩调校至规定数值。

（3）使用注意事项包括以下几方面。

① 禁止往外推扭力扳手手柄，以免滑脱而损伤身体。

② 对要求拧紧力矩较大、工件较大、数目较多的螺栓、螺母，应分次按一定顺序拧紧。

③ 拧紧螺栓、螺母时，不能用力过猛，以免损坏螺纹。

④ 禁止使用无刻度盘或刻度线不清的扭力扳手。

⑤ 拆装时，禁止在扭力扳手的手柄上再加套管或用锤子锤击。

⑥ 扭力扳手使用后应擦净油污，妥善放置。

⑦ 预调式扭力扳手用后应将预紧力矩调到零位。

二、汽车维护常用测量仪器的使用

1. 塞尺

（1）结构与功用。塞尺（见图 2-6）又称测微片或厚薄规。塞尺的测量精度一般为 0.01mm，是用于检验间隙的测量器具之一。

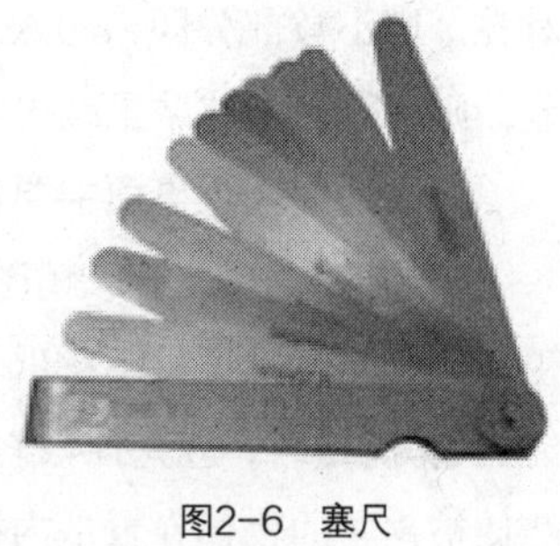

图2-6 塞尺

（2）使用方法如下。

① 塞尺使用前必须先清除塞尺和工件上的污垢与灰尘。

② 测量时，应先用较薄的一片塞尺插入被测间隙内，若仍有空隙，则挑选较厚的依次插入，直至恰好塞进而不松不紧（以稍感拖滞为宜）。该片塞尺的厚度即为被测间隙大小。若没有所需厚度的塞尺，可取若干片塞尺相叠代用，被测间隙即为各片塞尺尺寸之和，但误差较大。

③ 使用后应在表面涂以防锈油，并收回到保护板内。

（3）使用注意事项主要有以下几方面。

① 塞尺的测量面不应有锈迹、划痕、折痕等明显的外观缺陷。

② 由于塞尺很薄，容易折断，使用时应特别小心，测量时动作要轻，不允许硬插。也不允许测量温度较高的零件。

2. 游标卡尺

（1）结构与功用。游标卡尺，又称为游标尺或直游标尺（见图 2-7），是一种测量长度、内外径的仪器。游标卡尺由主尺和附在主尺上能滑动的游标两部分构成。主尺一般以毫米为单位，而游标上则有 10 个、20 个或 50 个分格，根据分格的不同，游标卡尺可分为十分度游标卡尺、二十分度游标卡尺、五十分度游标卡尺等。游标卡尺的主尺和游标上有两副活动量爪，分别是内测量爪和外测量爪，内测量爪通常用来测量内径，外测量爪通常用来测量长度和外径。

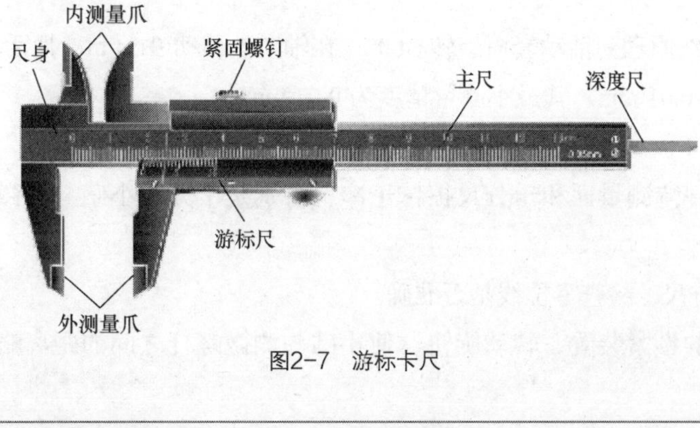

图2-7 游标卡尺

（2）使用方法如下。

① 用软布将量爪擦干净，使其并拢，查看游标和主尺身的零刻度线是否对齐。如果对齐就可以进行测量，如没有对齐则要记取零误差。游标的零刻度线在尺身零刻度线右侧的叫正零误差，在尺身零刻度线左侧的叫负零误差。（这种规定方法与数轴的规定一致，原点以右为正，原点以左为负。）

② 测量时，右手拿住尺身，大拇指移动游标，左手拿待测外径（或内径）的物体，使待测件位于外测量爪（或内测量爪）之间，当与量爪紧紧相贴时，即可读数。

（3）游标卡尺读数。读数时，首先以游标零刻度线为准，在尺身上读取毫米整数，即以毫米为单位的整数部分。然后看游标上第几条刻度线与尺身的刻度线对齐，如第 6 条刻度线与尺身刻度线对齐，则小数部分即为 0.6mm（若没有正好对齐的线，则取最接近对齐的线进行读数）。如有零误差，则一律用上述结果减去零误差（零误差为负，相当于加上相同大小的零误差）。

（4）使用注意事项主要包括以下几点。

① 游标卡尺是比较精密的测量工具，要轻拿轻放，不得碰撞或跌落地下。使用时不要用来测量粗糙的物体，以免损坏量爪。不用时应置于干燥地方防止锈蚀。

② 测量时，应先拧松紧固螺钉。移动游标不能用力过猛。两量爪与待测物的接触不宜过紧。不能使被夹紧的物体在量爪内挪动。

③ 读数时，视线应与尺面垂直。如需固定读数，可用紧固螺钉将游标固定在尺身上，防止滑动。

3. 外径千分尺

（1）结构与功用。外径千分尺（见图 2-8）为长度测量工具，又称螺旋测微仪或分厘卡，测量精度比游标卡尺更高，主要由固定套筒、尺架、微分筒、测微螺杆以及测力棘轮等构成。

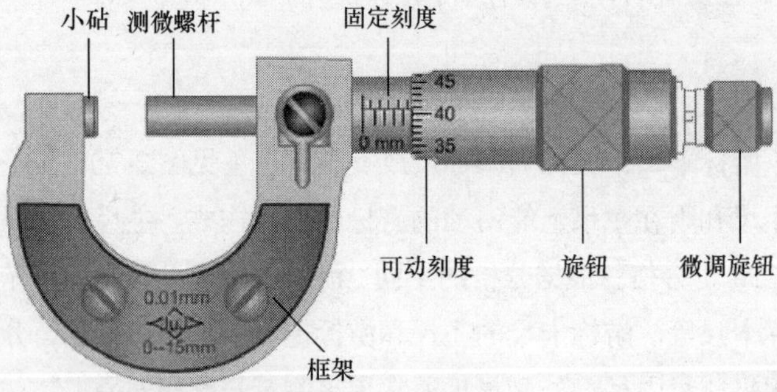

图2-8　外径千分尺

外径千分尺的刻线原理：活动套筒旋转 360°，在轴向上移动 0.5mm；把活动套筒等分为 50 小格，每小格为 0.5/50=0.01 mm，其最小测量精度为 0.01 mm。

（2）使用方法如下。

① 用棉纱将工件待测量面和千分尺擦抹干净，特别是千分尺小砧与测微螺杆间接触面要清洗干净。

② 校验外径千分尺，检查零位线是否准确。

③ 松开千分尺的锁紧装置，转动旋钮，使小砧与测微螺杆之间的距离略大于被测物体。一

只手拿千分尺的尺架，将待测物置于测砧与测微螺杆的端面之间，另一只手转动旋钮，当螺杆要接近物体时，改旋测力装置直至听到喀喀声。旋紧锁紧装置（防止移动千分尺时螺杆转动），即可读数。

（3）千分尺读数方法如下。

① 以微分筒的端面为准线，读出固定套管下刻度线的分度值（只读出以毫米为单位的整数）

② 以固定套管上的水平横线作为读数准线，读出可动刻度上的分度值，读数时应估读到最小刻度的十分之一，即 0.001 mm。

③ 如果微分筒的端面与固定刻度的下刻度线之间无上刻度线，测量结果即为下刻度线的数值加可动刻度的值；如微分筒端面与下刻度线之间有一条上刻度线，测量结果应为下刻度线的数值加上 0.5 mm，再加上可动刻度的值。

（4）使用注意事项主要有以下几点。

① 拧活动套筒时需用棘轮装置。

② 不要拧松后盖，以免造成零位线改变。工件较大时应放在 V 形铁或平板上测量。

③ 不要在固定套筒和活动套筒间加入普通机油。

④ 用后擦净上油，放入专用盒内，置于干燥处。

4. 数字万用表

（1）结构与功用。万用表被广泛用来测量电压、电流、电阻、电容、电感和晶体管等基本参数。根据万用表显示方式不同，可分为指针式和数字式，目前广泛使用的是数字式万用表。不同数字万用表，其功能和结构有所不同，下面以图 2-9 所示的数字万用表为例，介绍其使用方法。

（2）使用方法如下。

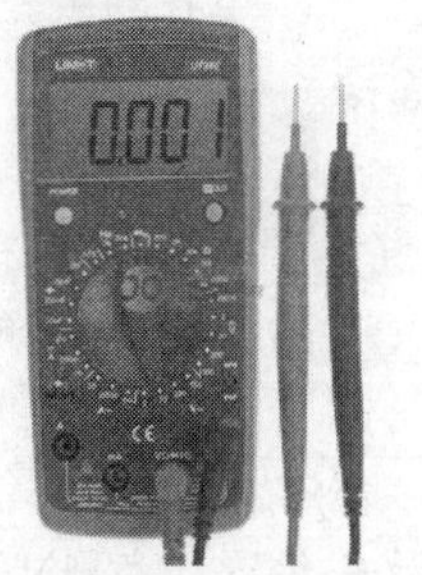

图2-9　数字万用表的结构

① 测量准备。使用前，应认真阅读使用说明书，熟悉电源开关、量程开关、插孔、特殊插口的作用和使用注意事项。在测量各种参数之前，先将电源开关打开。

② 直流电压测量。将黑表笔插入 COM 插孔，红表笔插入 V/Ω插孔，量程开关拨至 V⎓的合适量程，将表笔与被测线路并联，即显示读数，红表笔所接的极性也同时显示。

注意

（a）不要输入高于 1 000V 的电压，以免损坏仪表。

（b）测量时，如果不知道测量电压范围，应将量程置于最高挡，再逐渐调低。

③ 交流电压测量。将黑表笔插入 COM 插孔，红表笔插入 V/Ω插孔，量程开关拨至 V~的合适量程，将表笔与被测线路并联，即显示读数。

注意

（a）不要输入高于 700V 的电压，以免损坏仪表。

（b）测量时，如果不知道测量电压范围，应将量程置于最高挡，再逐渐调低。

④ 直流电流的测量。将黑表笔插入 COM 插孔，当被测电流小于 200mA 时，红表笔插入 mA

插孔；当被测电流为 200mA～20A 时，红表笔插入 20A 插孔。

将量程开关置于直流 A-量程范围，测试笔串入被测线路中，即显示读数，红表笔所接的极性也同时显示。

注意

（a）不要接入高于测量值的电流，以免损坏仪表。

（b）测量时，如果不知道测量电流范围，应将量程置于最高挡，再逐渐调低。

（c）20A 插孔无熔丝，测量时间应小于 10s，以免线路发热，影响准确度。

⑤ 交流电流的测量。测量步骤和注意事项与直流测量相似，测量时注意将量程开关置于交流 A～量程范围。

⑥ 电阻的测量

将量程开关拨至Ω的合适量程，黑表笔插入 COM 插孔，红表笔插入 V/Ω插孔，将测试笔跨接在待测的电阻上，即显示读数。

注意

（a）在线测量时，务请确认被测电路已经关断电源，同时电容已经放电完毕，方可以测量电阻。

（b）如果被测电阻值超出所选择量程的最大值，万用表将显示“1”，这时应选择更高的量程。

（c）测量高电阻时，尽可能将电阻直接插入 COM 插孔和 V/Ω插孔，以免干扰。当电阻值大于 1 MΩ时，仪表需要数秒后才能稳定读数，属于正常现象。

⑦ 电容测量。将量程开关拨至 F 的合适量程，将被测电容插入 Cx 插口，有必要时注意极性连接。

注意

（a）不要把一个外部已充电的电容插入测量。

（b）测量大电容时，仪表需要数秒后才能稳定读数。

⑧ 二极管测量。将黑表笔插入 COM 插孔，红表笔插入 V/Ω插孔（红表笔为+），将量程开关置于→|—位置，将测试笔跨接在被测的二极管两端。

注意

（a）当输入端开路（或二极管断路）时，仪表显示为过量程状态。

（b）仪表显示值为正向电压降伏特值，当二极管反接时，显示过量程状态。

⑨ 背光源的使用。在光线较暗时，可按下背光源按钮 B/L。背光源耗电大，不宜长期使用。

⑩ 数据保持开关使用。在测量时要保持数据，可以按下数据保持开关 HOLD 按钮。

三、车辆举升设备的使用

1. 双柱举升机

（1）结构与功用。双柱举升机（见图 2-10）用于车辆整车的举升，主要由主动立柱、被动立柱、四只托臂及撑脚、操纵杆、保险手柄等组成。

(2) 使用方法如下。

① 车辆进入过程如下。

(a) 四只托臂处于最低位置，同一立柱上的两条托臂张至最大角度，将托臂缩至最短。

(b) 车辆驶入工位，尽量使汽车重心位于两立柱中间。

② 举升过程如下。

(a) 调整托臂长度并锁上锁止机构，选好托举位置，调整撑脚高度。

(b) 轻轻上推按下操作按钮，使车辆徐徐上升，至适当高度后松开操纵杆。

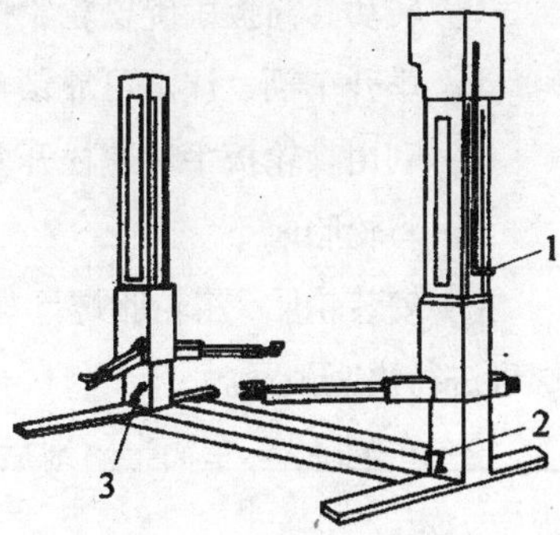

图2-10 双柱液压汽车举升机
1—操纵杆；2—主动立柱保险手柄；
3—被动立柱保险手

(c) 按下下降手柄，使举升机可靠锁止在所需位置。

③ 工作。将举升机可靠锁止后，便可在相应位置作业。

④ 下降过程如下。

(a) 轻轻按下上升按钮，将举升机稍微向上举升，以离开锁止位置。

(b) 将举升机左右立柱上的解锁绳索拉起，以解除锁止。

(c) 按下操作手柄，使举升机下降，直至所需位置。

(d) 按下上升按钮，待举升机稍一上升后，听到“哐当”的锁止声后即停止。

(e) 重复进行下降动作以进行可靠锁止。

项目实施

一、项目实施环境

(1) 各种类型的汽车零件。

(2) 常用维护工具、量具、举升机等。

(3) 车辆维修手册、项目任务工单及其他相关资料。

二、项目实施步骤

1. 任务导入

维修四组的维修技师小黄为客户的速腾轿车做保养，期间使用了各种工具与设备，包括测量工具、维护工具、举升设备等。作为维修技师必须熟悉它们的结构与原理，并且能合理选择并规范使用它们。现选取部分维护作业项目，请练习维护工具的选择与使用。

2. 实施步骤

(1) 轮胎螺栓的手动拆卸与紧固（见图 2-11）。

① 车辆进入预定工位，停驶在合适的位置，以方便举升。

② 将车辆升至半离地状态。

③ 选取适合轮胎螺母尺寸的套筒和套筒扳手。

④ 将套筒套在扳手的方形端头上（视需要可与接杆或短接杆配合使用）。

⑤ 转动套筒扳手旋松轮胎螺母，注意不要取下轮胎螺母。

⑥ 举升车辆，注意可靠锁止。

⑦ 利用棘轮扳手快速松开并取下所有螺母。

⑧ 将轮胎取下。

⑨ 安装轮胎，将轮胎螺母与螺栓对正，用棘轮扳手对螺母进行快速预紧。

⑩ 车辆降落，车辆半落地后用扭力扳手将螺母拧紧至规定力矩。

⑪ 车辆完全降落。

图2-11　轮胎螺栓的拆卸与紧固

（2）制动盘厚度的测量（见图 2-12）。

① 清洁制动盘待测面表面污物。

② 选取合适量程的外径千分尺。

③ 用棉纱将千分尺小砧与测微螺杆间接触面擦抹干净。

④ 校验外径千分尺。

⑤ 用外径千分尺在靠近制动盘边缘 10mm 处测量其厚度，将千分尺锁止并读取其数值。

⑥ 多次测量，取最小值。

⑦ 清洁外径千分尺并将其放回原位。

（3）制动鼓内径尺寸的测量（见图 2-13）。

图2-12　制动盘厚度的测量

图2-13　制动鼓

① 清洁制动鼓的内表面。

② 选择合适量程的内径游标卡尺。

③ 用软布将内测量爪擦干净，使其并拢，查看游标和主尺上的零刻度线是否对齐。必要时记取零误差。

④ 测量制动鼓内径尺寸并读取数据。

⑤ 将读取数据减去零误差即为测量结果。

⑥ 清洁游标卡尺并将其放回原位。

（4）蓄电池电压的测量（见图 2-14）。

① 打开数字万用表的电源开关。

② 将数字万用表黑表笔插入 COM 插孔，红表笔插入 V/Ω 插孔。

③ 将数字万用表量程开关拨至 V⎓的合适量程。

④ 将数字万用表红表笔和黑表笔的笔尖分别与蓄电池的正负接线柱接触读取相应电压值。

⑤ 记录测得的数值。

⑥ 将数字万用表整理后放回原位。

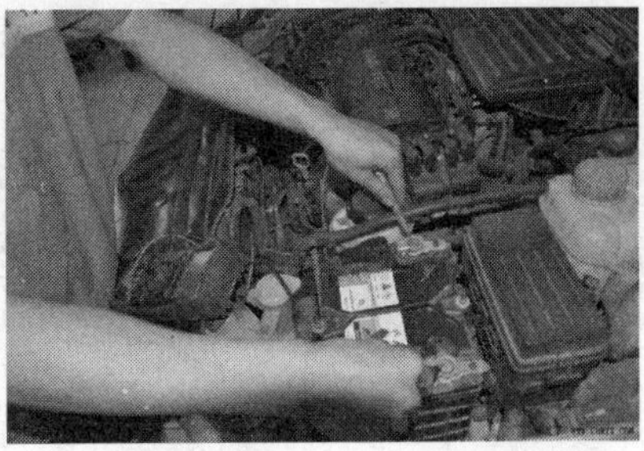

图2-14 蓄电池电压的测量

知识拓展

工 作 安 全

一、个人安全

1. 眼睛的防护

在汽车维修企业中，眼睛经常会受到各种伤害，如飞来的物体、腐蚀性的化学飞溅物、有毒的气体或烟雾等，这些伤害几乎都是可以防护的。

常见保护眼睛的装备是护目镜（见图 2-15）和安全面具（见图 2-16）。护目镜可以防护各种对眼睛的伤害，如飞来的物体或飞溅的液体。在进行金属切削加工、用錾子或冲子铲剔、使用压缩空气、使用清洗剂等情况下，应考虑佩戴护目镜。安全面具不仅能够保护眼睛，还能保护整个面部。如果进行电弧焊或气焊，要使用带有色镜片的护目镜或深色镜片的特殊面罩，以防止有害光线或过强的光线伤害眼睛。

图2-15 护目镜

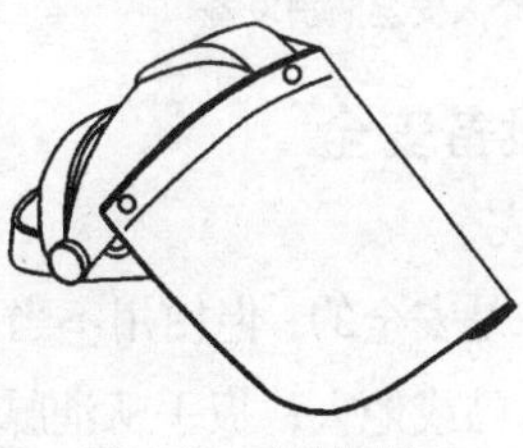

图2-16 安全面具

2. 听觉的保护

汽车修理厂是个噪声很大的场所，各种设备如冲击扳手、空气压缩机、砂轮机、发动机等都产生很大的噪声。短时的高噪声会造成暂时性听力丧失，而持续较低的噪声则更有害。

常见的听力保护装备有耳罩和耳塞，噪声极高时可同时佩戴。一般在钣金车间必须佩戴耳罩或耳塞。

3. 手的保护

手是汽车维修人员经常受伤的部位之一，保护手要从两方面着手：一方面不要把手伸到危险区域，如发动机前部转动的传动带区域、发动机排气管道附近等；另一方面必要时戴上防护手套。不同的场合需要不同的防护手套，做金属加工有劳保安全手套，接触化学品有橡胶手套。

4. 衣服、头发及饰物

宽松的衣服、长袖子、领带都容易卷进旋转的机器中，所以在修理厂中，首先一定要穿合体的工作服，最好是连体工作服，外套、工装裤也可以。如果戴领带要把它塞到衬衫里。

工作时不要戴手表或其他饰物，特别是金属饰物，在进行电气维修时可能导入电流而烧伤皮肤，或导致电路短路而损坏电子元件或设备。

在工厂内要穿劳保鞋，可以保护脚面不被落下的重物砸伤，且劳保鞋的鞋底是防油、防滑的。

长发很容易被卷入运转的机器中，所以长发一定要扎起来，并戴上帽子。

常见的个人安全防护设备如图 2-17 所示。

另外，在搬举重物时应采用如图 2-18 所示的方式进行，以避免损伤身体。

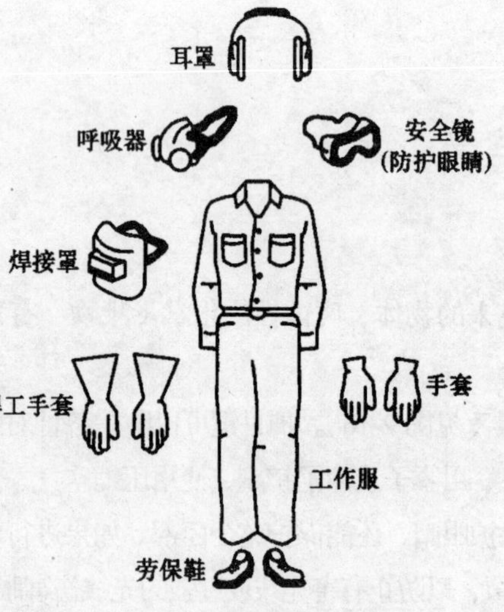

图2-17　常见个人安全防护设备

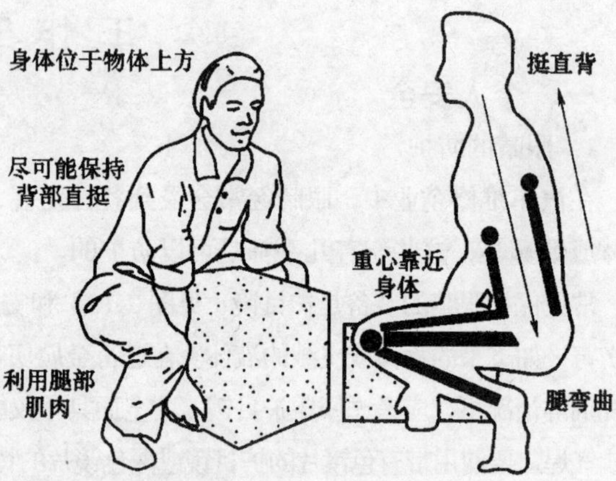

图2-18　搬动重物正确姿势

二、工具和设备安全

1. 手动工具的安全

手动工具看起来是安全的，但使用不当也会导致事故。如用一字旋具代替撬棍，导致旋具崩裂、损坏，飞溅物打伤自己或他人；扳手从油腻的手中滑落，掉到旋转的元件上，再飞出来伤人等。

另外，使用带锐边的工具时，锐边不要对着自己和工作同事。传递工具时要将手柄朝向对方。

2. 动力工具的安全

所有的电气设备都要使用三相插座，地线要安全接地，电缆线装配松动应及时加以维护；所有旋转的设备都应有安全罩，以减少发生部件飞出伤人的可能性。

在进行电子系统维修时，应断开电路的电源，方法是断开蓄电池的负极搭铁线，这不仅可保护人身安全，还能防止对电器的损坏。

许多维修工序需要将车升离地面，在升起车辆前应确保汽车已被正确支承，并应使用安全锁，以免汽车落下。用千斤顶支起汽车时应当确保千斤顶支承在汽车底盘大梁部分或较结实的部分。

工具和设备都要定期检查和保养。

3. 压缩空气的安全

使用压缩空气时，应非常小心，不要作玩耍用。不要将压缩空气对着自己、别人、地面、设备、车辆乱吹。压缩空气会撕裂鼓膜，造成人耳失聪，损伤肺部或伤及皮肤，被压缩空气吹起的尘土或金属颗粒会造成皮肤、眼睛损伤。

三、日常安全守则

（1）工具不使用时应保持干净并放到正确的位置。

（2）各种设备和工具要及时检查和保养。

（3）手上应避免油污，以免工具滑脱。

（4）启动发动机的车辆应保证驻车制动正常。

（5）在车间内启动发动机要保持通风良好。

（6）在车间内穿戴、着装要合适，并佩戴必要的装备，如手套、护目镜、耳塞等。

（7）不要将压缩空气对着人或设备吹。

（8）尖锐的工具不要放到口袋里，以免扎伤自己或划伤车辆。

（9）常用通道上不要放工具、设备、车辆等。

（10）用正确的方法使用正确的工具。

（11）手、衣服、工具应远离旋转设备或部件。

（12）开车进出车间时要格外小心。

（13）在极度疲劳或消沉时不要工作，这种情况会降低注意力，有可能导致自身或他人的被伤害。

（14）如果不知道车间设备如何使用，应先向明白的人请教，以掌握正确、安全的使用方法。

（15）用举升器或千斤顶升起车辆时，一定要按正确的规程操作。

（16）应知道车间灭火器、医疗急救包、洗眼处的位置。

课后自测

一、填空题

（1）指出图 2-19 中各工具的名称。其中 1 是________工具，2 是________工具，3 是________工具。

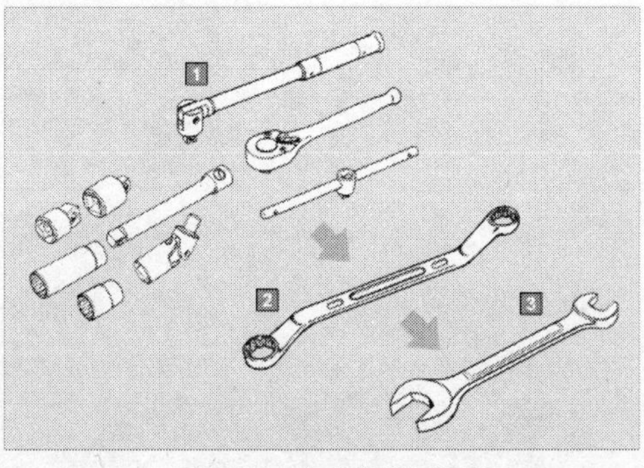

图2-19　汽车修理工具

（2）图 2-20 中千分尺的正确读数应为________________。

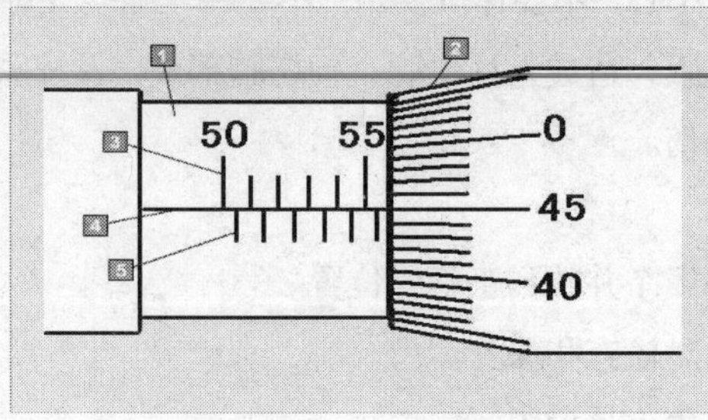

图2-20 千分尺读数

（3）开口扳手的使用应将扳手较厚的一边置于受力________________的一侧，扳动扳手。

（4）使用开口扳手时应将扳手手柄往身边拉，切不可向外________________，以免将手碰伤。

（5）梅花扳手使用时应将扳手________________套入螺栓或螺母。

（6）常用的扭力扳手有预调式和________________两种形式。

（7）塞尺又称测微片或________________规。塞尺的测量精度一般为 0.01mm，是用于检验间隙的测量器具之一。

（8）游标卡尺由主尺和附在主尺上能滑动的________________两部分构成。

（9）千分尺的最小测量精度为________________mm。

（10）根据万用表显示方式不同，可分为指针式和________________，目前广泛使用的是________________万用表。

二、简答题

（1）套筒扳手的使用注意事项有哪些？

（2）游标卡尺如何读数？

（3）简述千分尺的使用方法。

（4）如何用万用表测量直流电压？

（5）简述双柱举升机的使用方法。

Chapter 3

项目三

新车售前检验

任务描述

客户购买一辆一汽丰田卡罗拉轿车，车辆交付客户前，销售人员协同售后人员要对汽车实施交车前的检验。新车交车检验主要包括新车工作状态恢复和新车车辆功能检验两部分。

能力目标

（1）能通过车辆《维修手册》、新车《使用手册》等资料获取车辆基本信息。

（2）能正确识别车辆铭牌、车辆识别代码。

（3）能熟练实施新车工作状态恢复。

（4）能熟练进行新车车辆功能检验。

（5）能正确填写新车 PDS 检验工单。

相关知识

新车交车检验（Problem Definite Statement，PDS）是在新车交付用户之前实施的交车前检验，以保证车辆处于最佳状态，用户在提车后即可使用。新车交付检验包含两个任务，即新车工作状态验证与恢复和新车交付的车辆功能检验。

一、车辆识别代码解读

车辆识别码（Vehicle Identification Number）又称 VIN 码，是为识别车辆而指定的一组字码，这个代号是由制造厂按照一定的规则，依据本厂的实际情况而指定的。车辆识别代号的基本目的是识别每一辆车，它具有对车辆的唯一识别性，因此又有人将其称为“汽车身份证”。车辆识别代号中含有车辆的制造厂家、生产年代、车型、车身形式、发动机及其他装备的信息。

1. 车辆识别代码的标注位置

VIN 码的标注位置一般在仪表板左侧、前横梁、行李舱内、悬挂支架上、纵梁上、翼子板内侧或直接标注在车辆铭牌上，如图 3-1 所示。

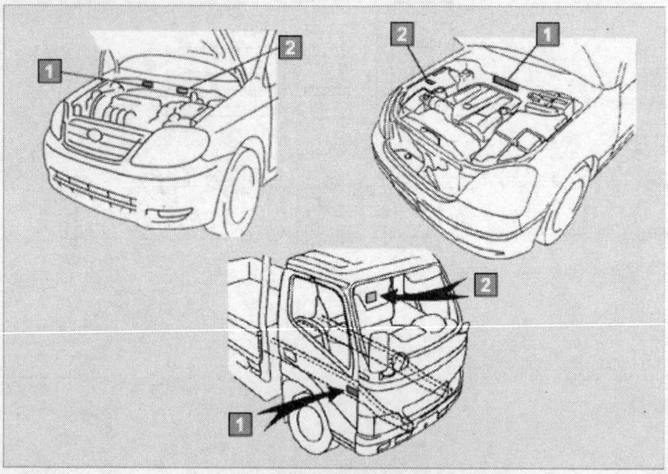

图3-1 车辆识别码和车辆铭牌的标注位置

1—车辆识别码（VIN）；2—车辆铭牌

2. 车辆识别代码的构成

车辆识别代号经过排列组合，可以使车型生产在 30 年之内不会发生重号现象，这很像我们的身份证不会产生重号一样，它具有对车辆的唯一识别性。管理部门利用这个特性，将其应用在各个方面的统计和计算机检索，对车辆进行科学的管理。

车辆识别代码是正确识别汽车必不可少的信息参数，它由 17 位数字和字母组合而成，故又被称为“汽车 17 位编码”。通过 VIN 码，人们可以识别汽车的产地，制造厂商，种类形式，品牌，系列，装载质量，轴距，驱动方式，生产日期，出厂日期，车身及驾驶室的种类、结构、形式，发动机种类、型号及排量，变速器种类、型号，以及汽车生产出厂顺序号码等。

VIN 码共有 17 位字母或数字组成，VIN 码的标注具有统一的规范，其内容包括世界制造厂识别代号（WMI）、车辆说明部分（VDS）和车辆指示部分（VIS）3 部分，如图 3-2 所示。

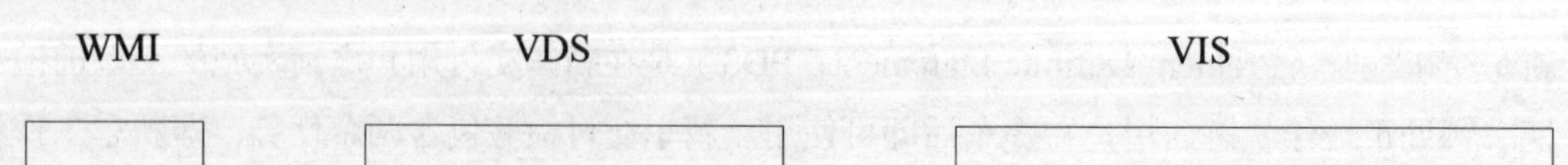

图3-2 车辆识别码的构成

（1）世界制造厂识别代号（WMI）。WMI 由第 1～3 位 3 个字码组成，是为识别世界上每一个制造厂而指定给该制造厂的一个代号。其中第 1 位和第 2 位字码组成的双字码块，由国际标准化组织（ISO）的国际代理机构——美国汽车工程学会（SAE）预先分配给世界各个地区和国家，如日本为

JA～JZ 及 J0～J9；美国为 lA～1Z 及 10～19，4A～4Z 及 40～49，5A～5Z 及 50～59；中国为 LA～LZ 及 L0～L9。而第 2 位、第 3 位组成的双字码块，则由 SAE 授权的国家机构指定给制造厂家。

第 1 位字码是标明一个地理区域的字母或数字，第 2 位字码是标明一个特定地区内的一个国家的字母或数字，第 3 位字码是标明某个特定的制造厂的字母或数字。第 1 位、第 2 位、第 3 位字码的组合能保证制造厂识别标志的唯一性。对于年产量大于 500 辆的制造厂，世界制造厂识别代号由 3 位字码组成；对于年产量小于 500 辆的制造厂，世界制造厂识别代号的第 3 位字码为数字 9。此时，车辆指示部分的第 3 位、第 4 位、第 5 位字码将与第一部分的 3 位字码一起作为世界制造厂识别代号。

（2）车辆说明部分（VDS）。VDS 由第 4 位～第 9 位 6 个字码组成，用以说明和反映车辆的一般特征，如品牌、种类、系列、车身类型、底盘类型、发动机类型、约束系统、制动系统、额定总质量等。这 5 个字码是由各企业自行规定的，但是不允许空位或缺位，如果制造厂不用其中的一位或几位字码位置，则应在该位置填入制造厂选定的字母或数字占位。VIN 的第 9 位是校验位，在该位置应填入一个用来表示 VIN 书写准确性的“检验数字”，与身份证号码的校验位作用一样。校验位用 0～9 中任何一个数字或字母“X”表示。

（3）车辆指示部分（VIS）。VIS 由第 10 位～第 17 位 8 个字码组成，是制造厂为了区别每一辆车而制定的一组字码，最后 4 位字符应该是数字，VIS 表示车辆个性特征。其中第 10 位表示车型年份，用字母或数字表示，但不能为数字 0 及字母 Q、O、I、Z 和 U，年份代码按表 3-1 的规定使用，30 年循环一次。

每辆车都必须具有车辆识别代号，并标记在车辆上。车辆在销售时，随车文件中要对标注位置和方式加以说明（非完整车辆还应对车辆识别代号内容进行解释），以便使用者发现、了解和利用它。

表 3-1　　年份代码

年份	代码	年份	代码	年份	代码	年份	代码
2001	1	2011	B	2021	M	2031	1
2002	2	2012	C	2022	N	2032	2
2003	3	2013	D	2023	P	2033	3
2004	4	2014	E	2024	R	2034	4
2005	5	2015	F	2025	S	2035	5
2006	6	2016	G	2026	T	2036	6
2007	7	2017	H	2027	V	2037	7
2008	8	2018	J	2028	W	2038	8
2009	9	2019	K	2029	X	2039	9
2010	A	2020	L	2030	Y	2040	A

3. 车辆识别代码应用举例

一辆威驰轿车的 VIN 码为 LFMAAB0A550000001，具体位数如表 3-2 所示，对其编码进行分析。

表 3-2　　威驰轿车 VIN 码

构成	WMI			VDS						VIS							
VIN 码	L	F	M	A	A	B	0	A	5	5	0	0	0	0	0	0	1
位数	1	2	3	4	5	6	7	8	9	10	11	12	13	14	15	16	17

（1）第 1 位~第 3 位是世界制造厂识别代号，一汽丰田系列汽车产品的 WMI 代号为“LFM”。

（2）第 4 位~第 9 位是车辆说明部分（VDS），一汽丰田系列汽车产品的车辆特征代码（VDS）的组成如图 3-3 所示。

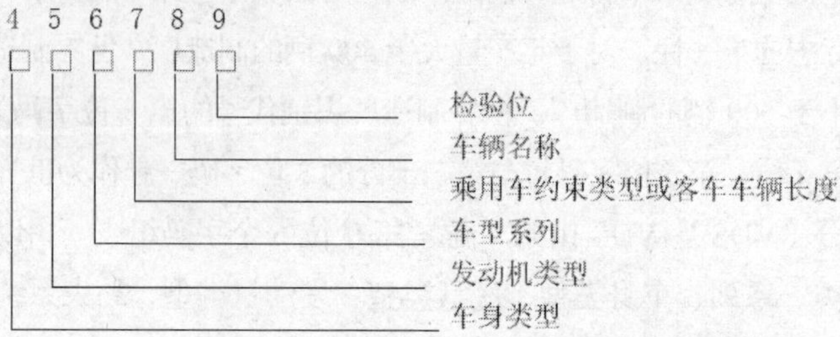

图3-3　一汽丰田系列汽车产品的车辆特征代码（VDS）的组成

第 4 位车身类型代码如表 3-3 所示。

表 3-3　　一汽丰田乘用车车身类型代码

代　码	车 身 类 型	驱 动 形 式
A	3 厢 4 门　承载式	前轮驱动
B	3 厢 4 门　承载式	后轮驱动
C	2 厢 5 门　承载式	前轮驱动
J	发动机罩型 5 门　承载式	全轮驱动
K	发动机罩型 5 门　承载式	前轮驱动

注：名词术语按 GB4780

第 5 位发动机类型代码，如表 3-4 所示。

表 3-4　　一汽丰田乘用车发动机类型代码

代　码	型　式	燃　料	排量（L）
A	5A	汽油	1.5
B	8A	汽油	1.3
C	1ZZ	汽油	1.8
D	3GR	汽油	3.0
E	5GR	汽油	2.5
F	1NZ	汽油	1.5
M	2SZ	汽油	1.3
N	3SZ	汽油	1.5
P	1ZR	汽油	1.6
R	2ZR	汽油	1.8
U	2NZ	汽油	1.3
V	1AZ	汽油	2.0
W	2AZ	汽油	2.4
a	1NZ 发动机与 3CM 型电动机共同组成混合动力		

第 6 位车型系列代码，如表 3-5 所示。

表 3-5 一汽丰田乘用车车型系列代码

代码	车型系列	代码	车型系列
B	20 系列	4	40 系列
2	120 系列	8	180 系列
E	150 系列	9	90 系列
3	30 系列		

第 7 位常用车约束类型代码，如表 3-6 所示。

表 3-6 一汽丰田乘用车约束类型代码

代码	约束系统
0	驾驶席和副驾驶席配备安全带、安全气囊、侧面安全气囊和充气保护帘
1	驾驶席和副驾驶席配备安全带
2	驾驶席和副驾驶席配备安全带和安全气囊
3	驾驶席配备安全带和安全气囊；副驾驶席配备安全
4	驾驶席和副驾驶席配备安全带、安全气囊、侧面安全气囊、膝部安全气囊和充气保护帘
5	驾驶席和副驾驶席配备安全带、安全气囊、和膝部安全气囊
6	驾驶席和副驾驶席配备安全带、安全气囊和侧面安全气囊

第 8 位车辆名称代码，如表 3-7 所示。

表 3-7 一汽丰田车辆名称代码

代码	名称	代码	名称
A	威驰 VIOS	D	REIZ
B	皇冠 CROWN	E	PRIUS
C	花冠 COROLLA	F	RAV4

第 9 位是校验码 5。

（3）第 10 位～第 17 位是车辆指示部分（VIS）。

第 10 位年份代码，如表 3-1 所示。

第 11 位装配厂代码，如表 3-8 所示。

表 3-8 一汽丰田装配厂代码

生产装配厂	代码
天津一汽丰田有限公司	0
四川一汽丰田有限公司	S
四川一汽丰田有限公司长春丰越公司	3

第 12 位～第 17 位是车辆制造顺序号。

解读整个 VIN 码 LFMAABOA551000001，其含义为：中国第一汽车集团公司丰田系列乘用车，车身类型为 3 厢 4 门、承载式车身，驱动型式为前轮驱动；发动机类型为 5A 型、汽油机、排量 1.5L；车型系列代码为 20 系；采用的约束类型是驾驶席和副驾驶席配备安全带、安全气囊、侧面安全气囊和充气保护帘；车辆的名称为威驰 VIOS；年份代码为 5，生产单位代码为 0，该车是 2005 年由天津一汽丰田汽车有限公司生产的；生产顺序号为 000001；该 VIN 代号的检验位字码为 5。

二、车辆铭牌解读

车辆铭牌是标明车辆基本特征的标牌，也可称“厂商牌”，其内容根据车辆的目的国而变化，主要包含：车辆品牌、整车型号、制造年月、车辆识别代号、发动机型号、发动机排量、发动机最大净功率、最大设计总质量、乘坐人数等。

车辆必须安装产品铭牌，其位置一般置于车辆前部易于观察的地方。客车铭牌置于车内前乘客门的上方，轿车的车辆铭牌一般在发动机舱或底盘处。图 3-4 所示为某红旗轿车的车辆铭牌的主要标志内容。

图3-4 红旗轿车车辆铭牌

三、新车工作状态恢复

1. 新车售前检验（PDS）的意义

新车售前检验又称作新车 PDS（Problem Definite Statement），是指各经销商把车辆交给客户之前对新车的最终检查，如图 3-5 所示。

图3-5 新车售前检验

实施 PDS 的目的（见图 3-6）是保证车辆处于最佳状态，用户在提车后即可驾驶。尽管出厂检验已经由制造厂在新车发往经销商之前完成，但是为了保证车辆运输的安全和可靠性，车辆在运输途中经过了特殊处理，同时车辆运输过程中也可能会出现各种问题，如有损伤等。因此，在车辆到达经销商处时必须恢复和验证车辆的正常工作状态。

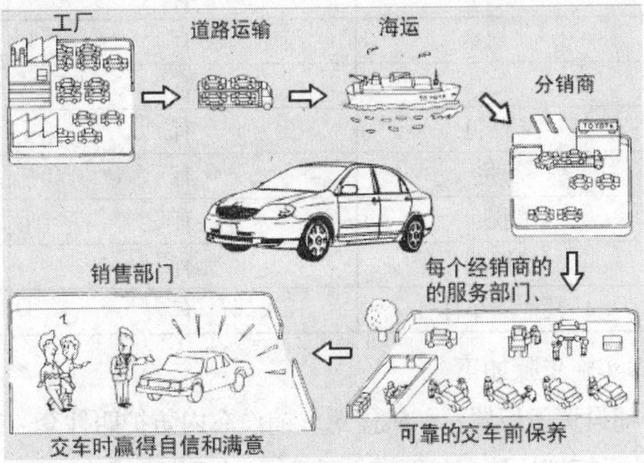

图3-6　新车售前检验的目的

2. 新车工作状态恢复

（1）验证新车状态。汽车由制造厂发往经销商的运输过程中可能出现损伤，汽车在到达经销商处时要对汽车状态进行验证，清点随车资料及物品，以保证汽车状态正常、资料物品齐全。

汽车明细资料主要包括汽车品牌、车型、规格、颜色、发动机号码、车架号等信息。随车物品包括汽车手续资料和随车工具。汽车手续资料包括货物进口证明书（进口车）、进口车辆随车检验单（进口车）、汽车安全性能检验证书、拓印（汽车铭牌、发动机号、车架号等的拓印）、运单、新车点检单等。随车工具一般包括车主手册、保修手册、备胎、钥匙、工具包、点烟器等。验收人员对以上项目进行仔细查对与检验，确定有无、是否正确，是否发现问题，并在检验单中标记。对发现的问题进行记录，并提出处理意见，新车入库检验单如表 3-9 所示。

表 3-9　　商品车入库检验单

商品车入库检验单			
车辆编号：		检验日期	
检 查 项 目	分　项	结　论	
核对铭牌（合格证上的号码必须要与车上的发动机号、车架号一致）	排气量	Y	N
	出厂年月	Y	N
	车架号	Y	N
	发动机号	Y	N
车辆合格证	汽车上户时必备	有	无
进口车辆随车检验单	进口车	有	无
货物进口证明书	进口车	有	无

续表

商品车入库检验单			
车辆编号：		检验日期	
检 查 项 目	分 项	结 论	
三包服务卡保修单		有	无
车辆使用说明书		有	无
其他文件或附件		有	无
随车附件	工具包	有	无
	备胎	有	无
	钥匙	有	无
	点烟器	有	无
	其他随车件	有	无

验证新车状态的具体实施步骤如下。

① 实施车辆防护，铺设翼子板罩、前机盖罩，铺设车内防护四件套，包括地板垫、方向盘套、换挡杆套和座椅套，安放车辆挡块等，如图 3-7 所示。

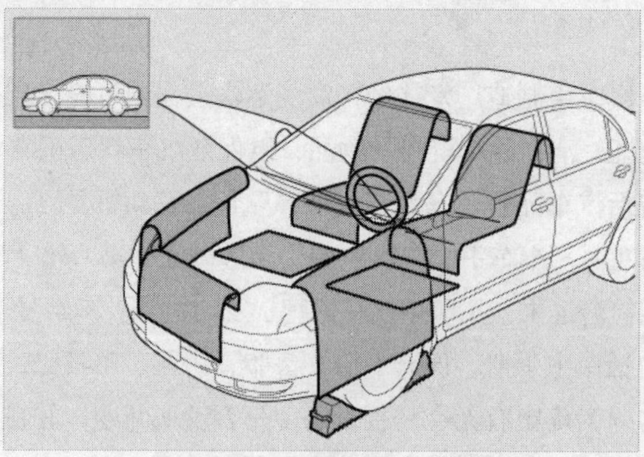

图3-7 实施车辆防护

② 核对车辆铭牌，合格证上的号码必须要与车上的发动机号、车架号一致，如图 3-8 所示。

③ 核对新车随车资料，图 3-9 所示为宝来轿车新车随车资料。

④ 核对随车工具（见图 3-10）。

⑤ 填写商品车入库检验单，如表 3-9 所示。

（2）恢复新车工作状态。为了防止汽车在运输中发生问题，新车在离开生产厂家前，生产厂家采取了多种保护措施，以避免运输过程中造成车辆损坏。例如，运输中部分可能损坏的零部件没有安装，而是另行包装；一些需要保护的部位加装了保护装置，等等。因此，在进行新车交车检验时，必须使汽车恢复正常的工作状态，发挥汽车的正常功能，避免用户在使用过程中出现意外事故。恢复新车正常工作状态的主要内容有安装熔丝及短路销，安装汽车厂提供的零部件，从制动器盘上拆下防锈盖，安装橡胶车身塞，取下前弹簧隔圈，取下紧急拖车环，调整轮胎气压，取掉车身防护膜，除去不必要的标志、标签、贴纸等。

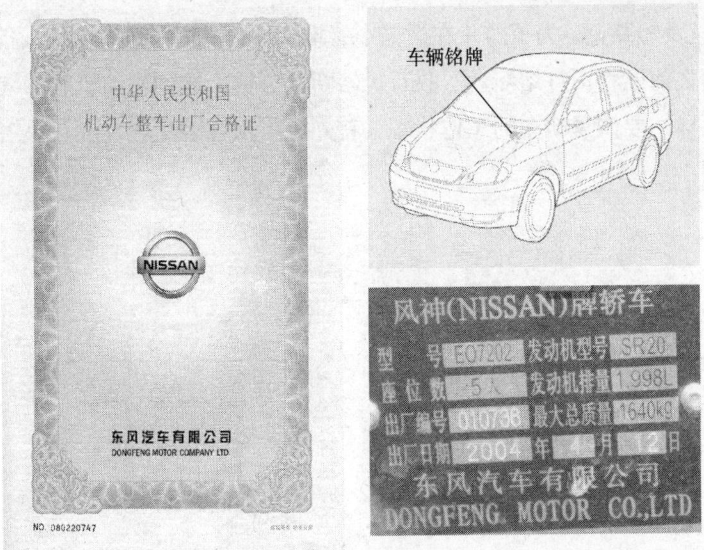

图3-8 核对车辆铭牌

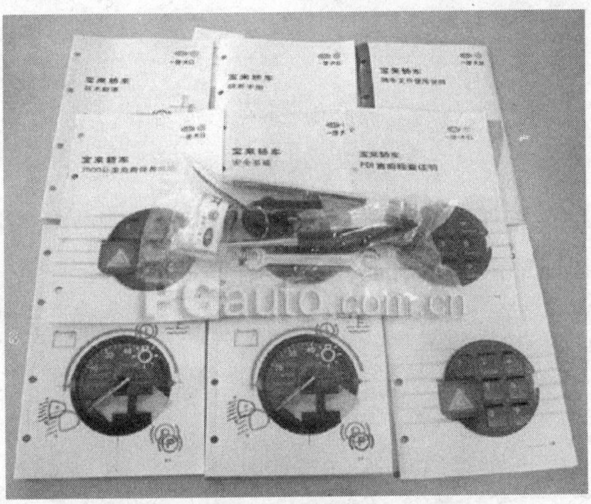

图3-9 随车资料

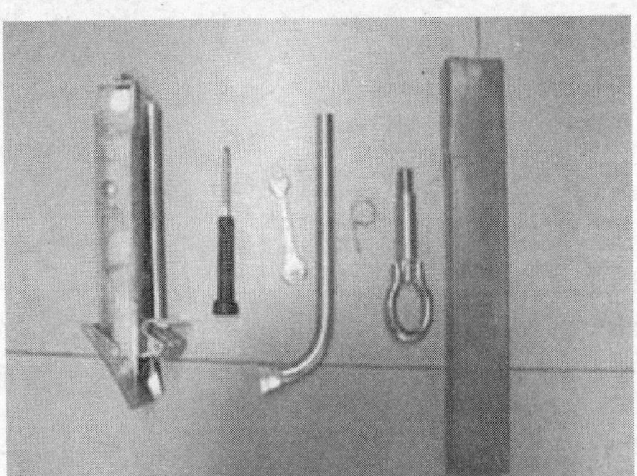

图3-10 随车工具

① 安装熔断丝及短路销。为了防止在运输中有电流通过，损伤汽车电气设备，汽车生产厂家在商品车发往经销商之前已将顶灯熔断丝、收音机熔断丝等拆下放到发动机舱的继电器盒内，放置的具体位置随车型而异。要恢复新车的工作状态，首先应将顶灯熔断丝、收音机熔断丝或短路销安装到相应位置，如图 3-11 所示。

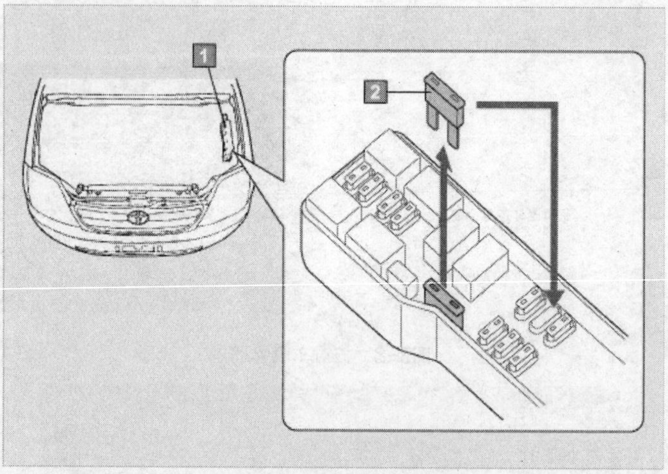

图3-11 安装熔断丝及短路销

1—继电器盒；2—熔断丝或短路销

② 安装汽车厂提供的零部件。为防止运输途中的意外损伤，部分零部件如汽车的外后视镜等外部凸出部分零部件在运输过程中是单独包装的，这些单独包装的零部件随车型而异，主要有外后视镜、备用轮胎固定架托座、气管、前阻扰流板盖、轮帽和盖等。为保证车辆的正常工况，在新车交付前应提前安装生产厂家提供的零部件，如图 3-12 所示，

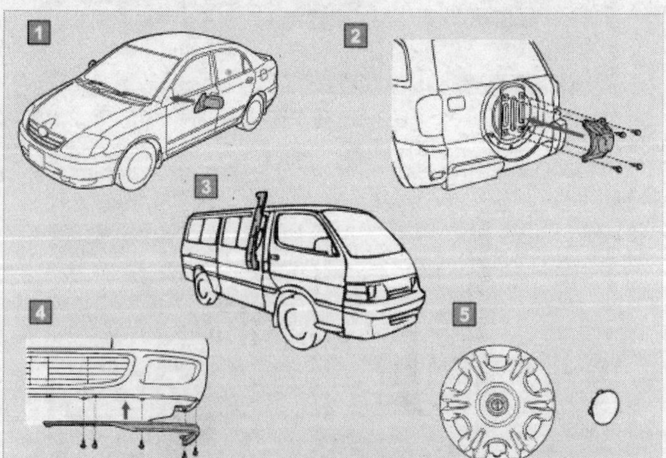

图3-12 安装汽车厂提供的零部件

1—外后视镜；2—备用轮固定架托座；3—气管；4—前阻扰流板盖；5—轮帽和盖

③ 从盘式制动器上拆下防锈盖。如果制动器上装有防尘盖，一般在前窗上帖有一警告标志，在

装有 4 轮盘式制动器的车辆上 4 个轮上都应有防锈盖。注意取下时一定要用手进行，如图 3-13 所示，切忌使用螺钉旋具或其他工具，以防损坏车轮或制动盘。

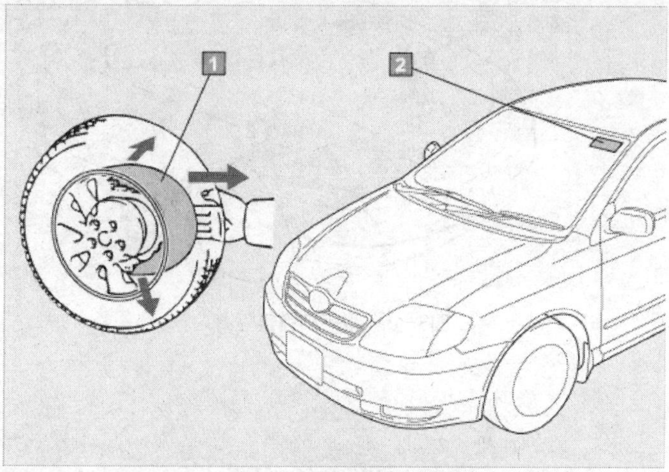

图3-13　从盘式制动器上拆下防锈盖

1—防锈罩；2—警告标志

④ 安装橡胶车身塞。橡胶车身塞一般在手套箱中，新车交付前应将橡胶车身塞装在车身上相应部件的孔上，如图 3-14 所示。

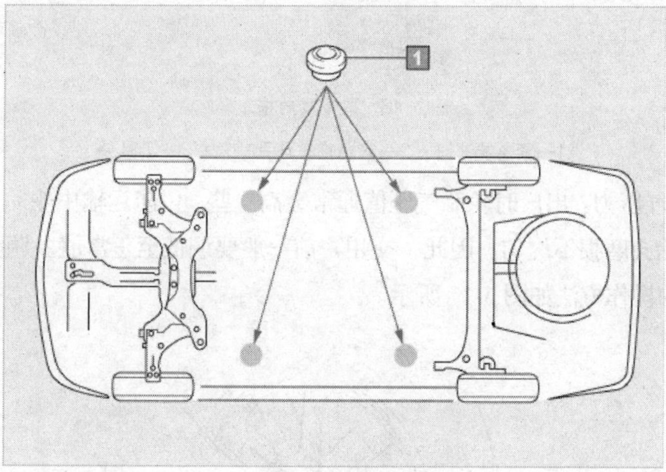

图3-14　安装橡胶车身塞

1—橡胶车身塞

⑤ 取下前弹簧隔圈。用千斤顶或举升器将汽车吊起，从前悬架上取下前弹簧隔圈，如图 3-15 所示。没有装前弹簧隔圈的汽车则不进行此项工作。

⑥ 取下紧急拖车环。如图 3-16 所示，从保险杠上取下紧急拖车环，然后在紧急拖车环的孔上加盖。注意紧急拖车环孔盖在手套箱中，取下的紧急拖车环放在工具袋中。没有装紧急拖车环的汽车不进行此项工作。

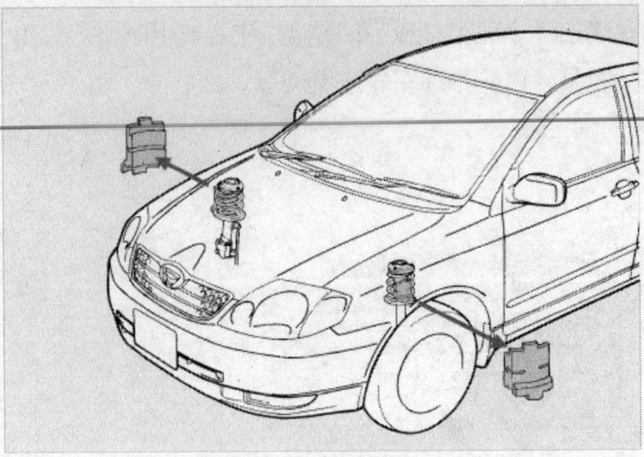

图3-15　取下前弹簧隔圈

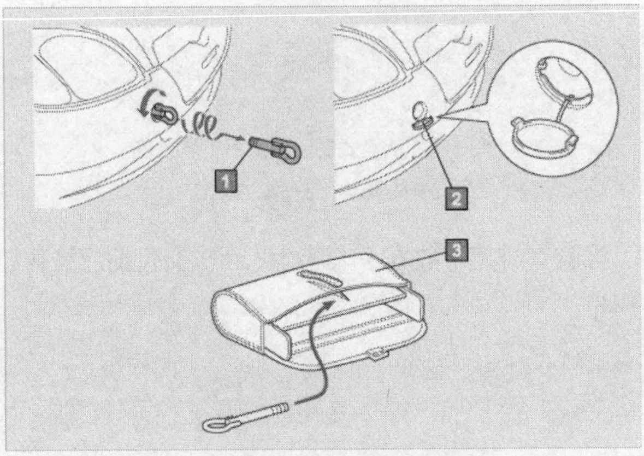

图3-16　取下紧急拖车环

1—紧急拖车环；2—紧急拖车环孔盖盖；3—工具袋

⑦ 调整轮胎空气压力。出厂时轮胎气压值通常会高一些，以防运输中轮胎变形。在此压力下乘坐不舒服，而且轮胎会磨损不均匀。因此，交用户前一般要调低至正常值。调整轮胎（包括备胎）空气压力至正常值的操作方法如图 3-17 所示。

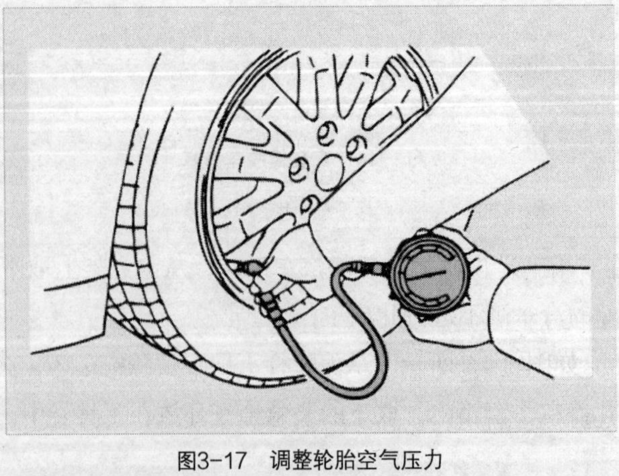

图3-17　调整轮胎空气压力

⑧ 除去不必要的标志、标签、贴纸、保护盖等。车辆在交用户前应取下相应保护盖，除去标签、标志、贴纸等。注意勿用刀等尖锐物体拆除保护盖，以免损坏装饰条及座椅，如图 3-18 所示。

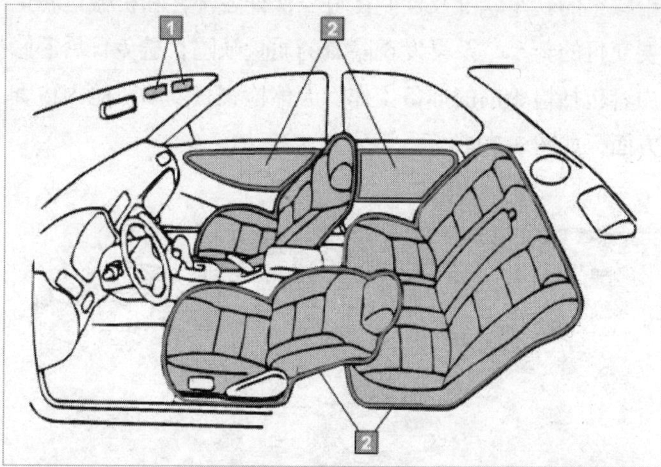

图3-18 除去不必要的标志、标签、贴纸及保护盖等

1—标签；2—保护盖

⑨ 取掉车身防护膜。新车在运输途中均贴有车身防护膜，在新车交付客户之前应将车身防护膜剥离。在剥除防护膜之前要冲洗车子，以防止运输过程中可能积下的砂石、尘土刮伤油漆表面。剥离过程如图 3-19 所示，首先剥离角上的防护膜，然后将尖部后折 180° 并迅速拉掉该膜，最后按水平方向迅速拉掉此膜。在剥离过程中只能用手去剥离防护膜，为防止刮坏油漆或压凹车身，不要将肘部或手放在车上。取下防护膜后，检查车身在油漆表面上是否有黏性残留物或凸出物，及时处理。

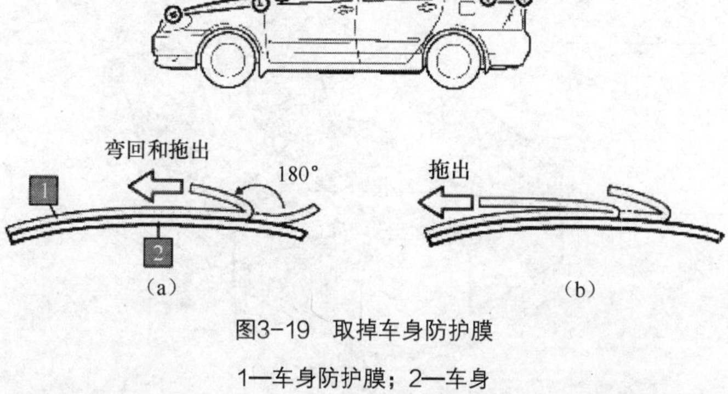

图3-19 取掉车身防护膜

1—车身防护膜；2—车身

新车交付前车辆工作状态的恢复主要包括以上 9 部分内容，具体情况视车型不同而略有差别，

这些步骤是下一步车辆功能检验的前提，同时也是关系新车行车安全不可缺失的必要步骤。

四、新车车辆功能检验

为了使即将交付给顾客的新车状况及性能良好，保证各部件和机械运转正常，并使顾客满意，应认真细致地验收将要交付的新车，及早发现隐藏的质量缺陷，避免日后返修带来的麻烦。新车交付前的车辆功能检验内容包括检验前的准备工作、大体检查、发动机舱内检查、汽车底部检查、路试检查、最终检查等方面，如图 3-20 所示。

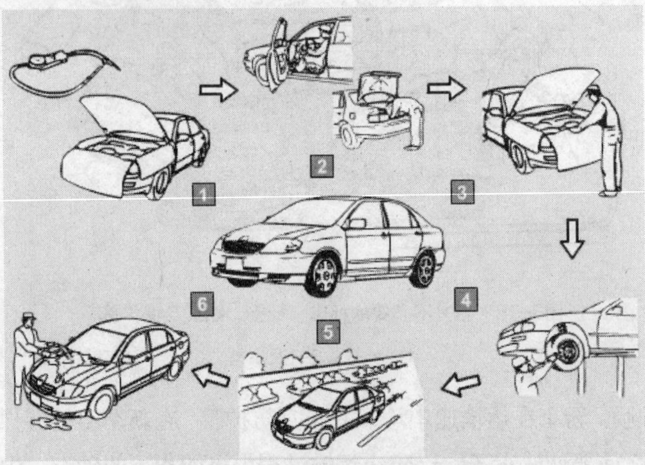

图3-20 新车交付的车辆功能检验

1—检验前准备工作；2—大体检查；3—发动机舱内检查；4—汽车底部检查；5—路试检查；6—最终检查

1. 检验前的准备工作

（1）设备工具准备。车辆进入检查工位前，准备好举升机、工作灯、尾气排放装置等必要设备，准备好本次检测所需工具，包括工具箱、扭力扳手、梅花扳手、套筒扳手、橡胶软管、正版 VCD 或 DVD 等，准备好新车 PDS 检查表。

（2）车辆防护。车辆进入工位后，安装驾驶室座椅套、转向盘套等车辆防护装置，如图 3-21 所示。

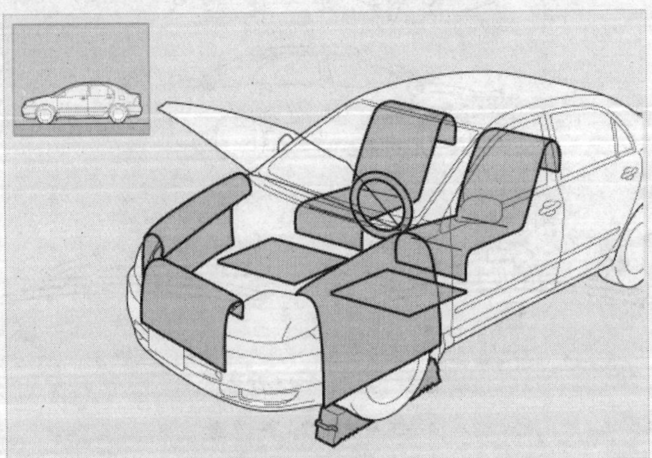

图3-21 预检工作

（3）安装随车附件。安装随车附件，如点烟器等。

2. 大体检查

（1）遥控器、报警器检查。如图 3-22 所示，检验遥控器的开锁、解锁、行李箱释放等各项功能，检查车辆防盗功能。

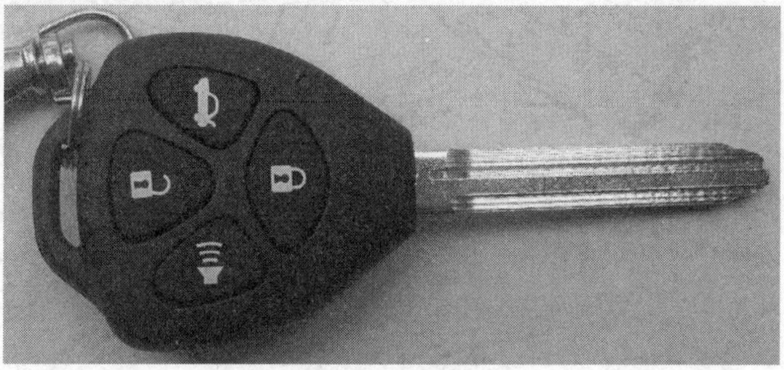

图3-22　汽车遥控器

（2）灯光、信号的检查如下。

① 汽车灯系的组成。为了保证汽车行驶的安全性，减少交通事故和机械事故的发生，汽车上都装有多种照明设备和灯光信号装置，俗称灯系。它已成为汽车上不可缺少的一部分，各安装位置如图 3-23 所示。

图3-23　汽车灯系

汽车灯系可分为车内照明和车外照明两部分。主要包括如下几种类型。

（a）前照灯。俗称大灯，装在汽车头部的两侧，如图 3-24 所示，用于夜间或光线昏暗路面上汽车行驶时的照明，有两灯制和四灯制之分。前照灯可以发射远光束（向上方瞄准）和近光束（向下方瞄准）。有些车辆还装有白天行驶灯，该灯在车辆行驶中一直亮着，以提醒其他车辆注意。大灯又有封闭式和半封闭式之分，封闭式的灯泡和镜头是一个整体，半封闭式的大灯灯泡可被单独更换。

（b）雾灯。安装在车头和车尾，位置比前照灯稍低。装于车头的雾灯称为前雾灯，车尾的雾灯称为后雾灯，光色为黄色或橙色。在有雾、下雪、暴雨或尘埃等能见度较低的情况下使用，恶劣条件下改善道路照明情况。

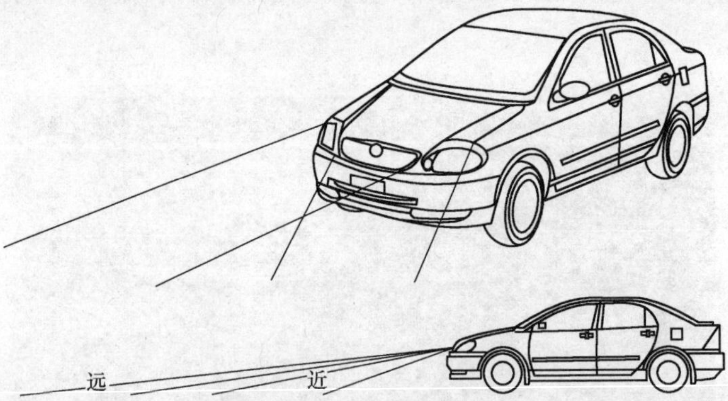

图3-24 前照灯

（c）示宽灯与尾灯。这两种都是低强度灯，用于夜间给其他车辆指示车辆位置与宽度。位于前方的称为示宽灯，位于后方的称为尾灯。

（d）刹车灯。安装在车辆尾部，通知后面车辆该车正在刹车，以避免后面车辆与其后部碰撞，如图 3-25 所示。

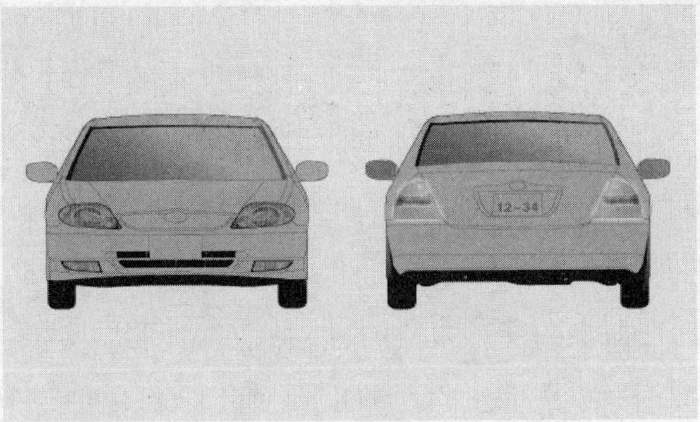

图3-25 刹车灯

（e）转向信号灯。安装在车辆两端以及前翼子板上，向前后左右车辆表明司机正在转弯或改换车道。转向信号灯每分钟闪烁 60～120 次。

（f）危险警告灯。车辆紧急停车或驻车时，危险警告灯给前后左右车辆显示车辆位置。转向信号灯一起同时闪烁时，即作危险警告灯用。

（g）牌照灯。用于照亮尾部车牌，当尾灯点亮时，牌照灯也点亮。

（h）倒车灯。安装于车辆尾部，给司机提供额外照明，使其能在夜间倒车时看清车的后面，也警告后面车辆，该车司机想要倒车或正在倒车。当点火开关接通，变速器换至倒车挡时，倒车灯点亮。目前，多将前照灯、雾灯、示宽灯等组合起来，称为组合前灯；将尾灯、后转向信号灯、刹车灯、倒车灯等组合起来，称为组合后灯。

（i）仪表灯。用于夜间照亮仪表盘，使司机能迅速容易地看清仪表。尾灯点亮时，仪表灯也同时点亮。有些车还加装了灯光控制变阻器，使司机能调整仪表灯的亮度。

（j）顶灯。用于车内乘客照明，但必须不致使司机眩目。通常客车车内灯都位于驾驶室中部，使车内灯光分布均匀。仪表灯和顶灯的布置如图 3-26 所示。

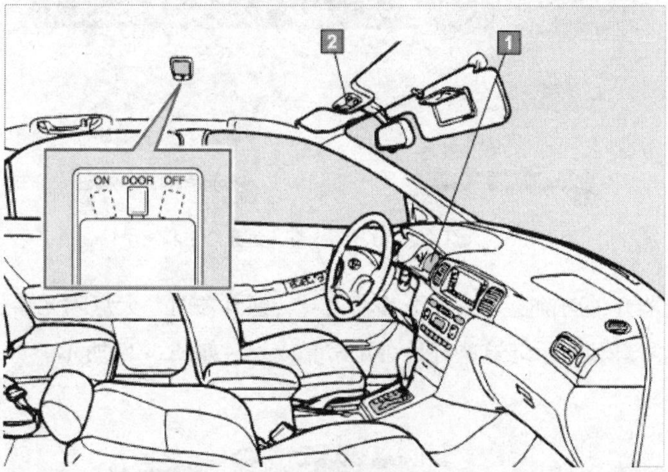

图3-26　仪表灯和顶灯的布置

1—仪表盘灯；2—顶灯

② 灯光、信号的检查。将点火开关旋至 ON 后，检查车辆的灯是否正常发光和闪烁，用镜子检查车外的灯。

（a）灯光控制开关旋动一挡，然后检查示宽灯、牌照灯、尾灯、仪表灯是否亮起，如图 3-27 所示。

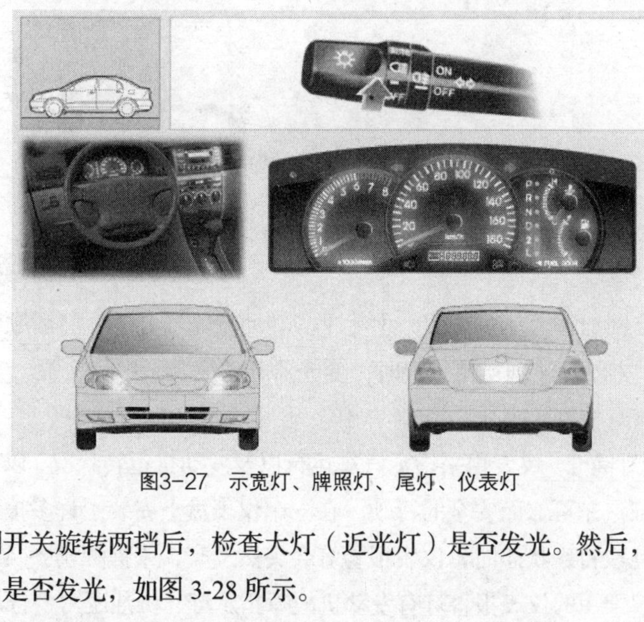

图3-27　示宽灯、牌照灯、尾灯、仪表灯

（b）将灯光控制开关旋转两挡后，检查大灯（近光灯）是否发光。然后，将变光器开关推开，检查大灯（远光灯）是否发光，如图 3-28 所示。

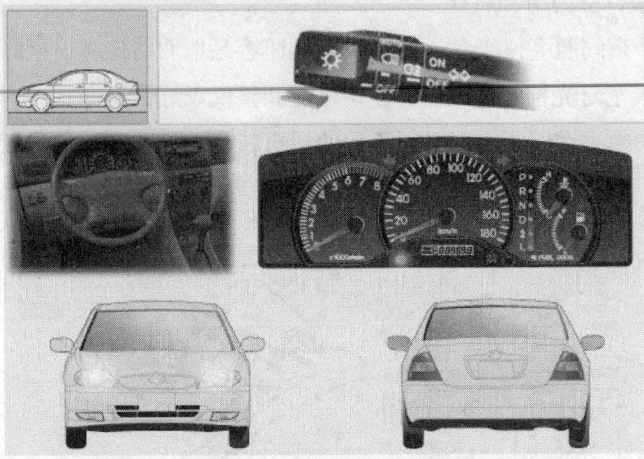

图3-28　大灯（近光灯）、大灯（远光灯）和指示灯

（c）检查把变光器开关向前拉，或上下移动信号转换开关时，大灯闪光器和指示灯、右转信号灯和指示灯、左转信号灯和指示灯这些灯是否正常亮或闪，如图 3-29 所示。

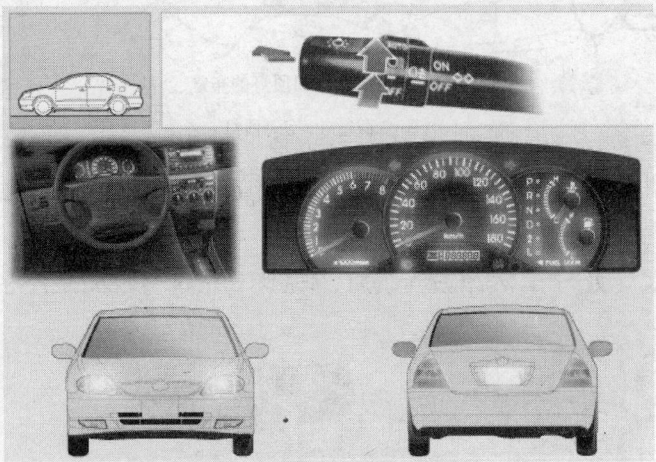

图3-29　变光器开关转换时的检查

（d）当每一个开关工作时，检查危险警告灯和指示灯、停车灯（尾灯亮）、倒车灯、顶灯是否正常亮或闪烁。

（e）变光器开关自回操作。车辆正放，上（下）转动变光器开关，然后顺时针（逆时针）方向转动方向盘约 90°。当方向盘转到初始位置时，变光器开关应置于中间位置。

（3）组合仪表报警灯检查。

① 组合仪表指示灯简介。仪表用来指示汽车运行以及发动机运转状况，以便驾驶员随时了解各系统的工作情况，保证汽车可靠而安全的行驶。在汽车仪表盘上安装了许多报警灯，当汽车或发动机的某一系统处于不良或特殊状态时，仪表报警灯会突然发亮，来提醒驾驶员注意，以便采取适当措施，保证行车安全。常用的仪表报警灯有发动机故障指示灯、机油压力警告灯、电瓶指示灯等。

（a）发动机故障指示灯。如图 3-30 所示，该指示灯用来显示车辆发动机的工作状况。当打开钥匙门，车辆自检时，该指示灯点亮后自动熄灭；如常亮，则说明车辆的发动机出现了故障，需要维修。

（b）机油压力警告灯。如图 3-31 所示，该指示灯用来显示发动机内机油的压力状况。打开钥匙门，车辆开始自检时，指示灯点亮，启动后熄灭。该指示灯常亮，说明该车发动机机油压力低于规定标准，需要维修。

图3-30　发动机故障指示灯

图3-31　机油压力警告灯

（c）电瓶指示灯。如图 3-32 所示，该指示灯用来显示电瓶使用状态。打开钥匙门，车辆开始自检时，该指示灯点亮，启动后自动熄灭。如果启动后电瓶指示灯常亮，说明该电瓶出现了使用问题，需要更换。

（d）ABS 指示灯。该指示灯用来显示 ABS 工作状况，如图 3-33 所示。当打开钥匙门，车辆自检时，ABS 灯会点亮数秒，随后熄灭。如果未闪亮或者启动后仍不熄灭，表明 ABS 出现故障。

图3-32　电瓶指示灯

图3-33　ABS指示灯

（e）水温指示灯。如图 3-34 所示，该指示灯用来显示发动机内冷却液的温度。钥匙门打开，车辆自检时，会点亮数秒，后熄灭。水温指示灯常亮，说明冷却液温度超过规定值，需立刻暂停行驶。水温正常后熄灭。

（f）安全带指示灯。如图 3-35 所示，该指示灯用来显示安全带是否处于锁止状态。当该灯点亮时，说明安全带没有及时扣紧。有些车型会有相应的提示音。当安全带被及时扣紧后，该指示灯自动熄灭。

图3-34　水温指示灯

图3-35　安全带指示灯

（g）油量指示灯。如图 3-36 所示，该指示灯用来显示车辆内储油量的多少。当钥匙门打开，车辆进行自检时，该油量指示灯会短时间点亮，随后熄灭。如启动后该指示灯点亮，则说明车内油量已不足。

（h）车门指示灯。如图 3-37 所示，该指示灯用来显示车辆各车门状况。任意车门未关上，或者未关好，该指示灯都点亮相应的车门指示灯，提示车主车门未关好，当车门关闭或关好时，相应车门指示灯熄灭。

图3-36　油量指示灯

图3-37　车门指示灯

（i）气囊指示灯。如图 3-38 所示，该指示灯用来显示安全气囊的工作状态。当打开钥匙门，车辆开始自检时，该指示灯自动点亮数秒后熄灭，如果常亮，则安全气囊出现故障。

（j）手刹指示灯。如图 3-39 所示，该指示灯用来显示车辆手刹的状态，平时为熄灭状态。当手刹被拉起后，该指示灯自动点亮。手刹被放下时，该指示灯自动熄灭。有的车型在行驶中未放下手刹会伴随有警告音。

图3-38　气囊指示灯

图3-39　手刹指示灯

② 组合仪表警告灯检查（见图 3-40）。将点火开关转到 ON，检查所有的警告灯应该亮，包括电瓶指示灯、发动机故障指示灯、油压警告灯等。发动机启动后，所有的报警灯应熄灭。

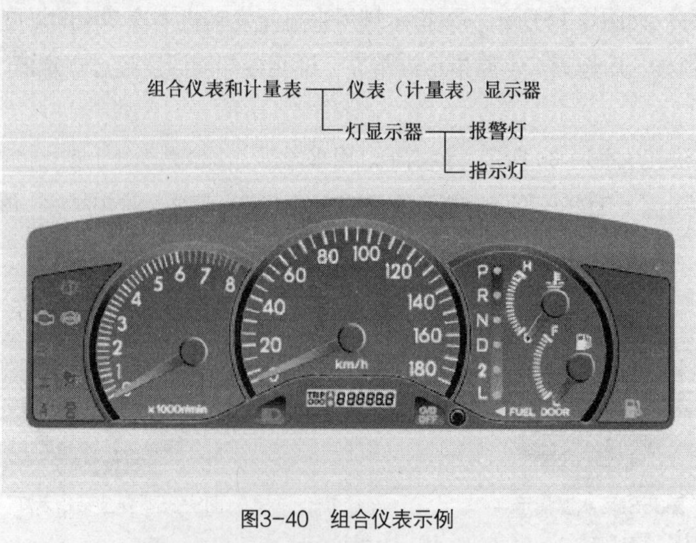

图3-40　组合仪表示例

（4）后窗除雾器及点烟器的检查。接通电源开关，如图 3-41 所示，检查后刮水器、喷水清洁器工作是否正常，刮水器是否刮得干净，检查后窗除雾器和点烟器是否正常。

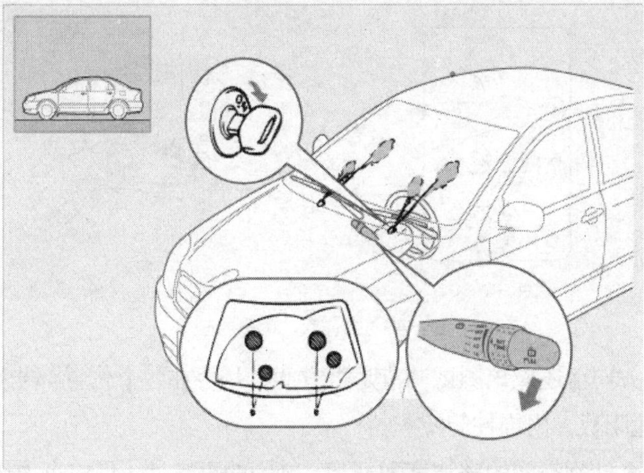

图3-41　刮水器检查

（5）音响时钟检查。检查卡带/收音机/CD 运转时的效果（提车前请准备好卡带、CD），检查、调整时钟至标准时间。

（6）检查车辆室内灯工作状况。查看车内各种灯：前后阅读灯、开门灯、前门槛灯、行李箱灯等是否工作正常。车辆室内灯位置如图 3-42 所示。

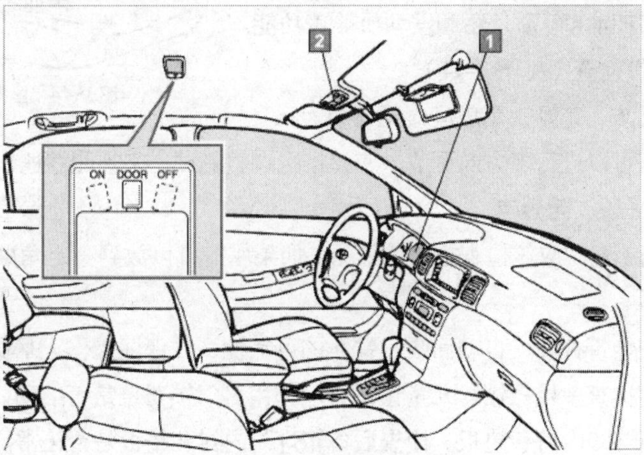

图3-42　车辆室内灯

1—仪表板等；2—顶灯

（7）方向盘、喇叭检查（见图 3-43）。

① 检查真皮方向盘表面是否有滑痕，表面是否平整，中间部分是否有裂痕，按键手感，方向盘上面的印刷图案是否清晰、耐磨等。

② 检查方向盘是否转动自如，自由行程是否过大，回轮后位置是否正确。晃动助力转向方向盘，上下不应有间隙，左右自由行程不应过大。

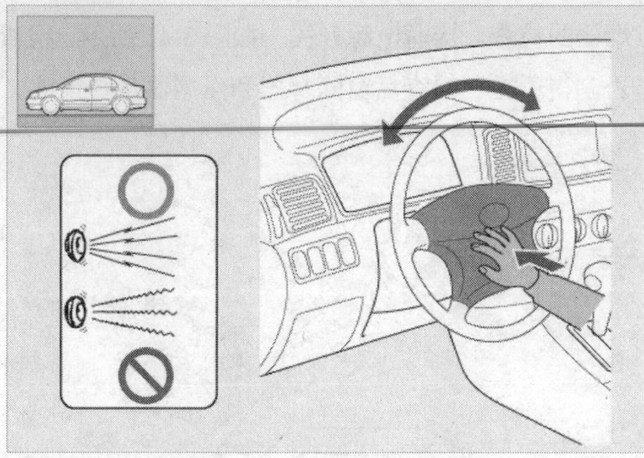

图3-43 方向盘、喇叭检查

③ 检查多向可调方向盘还应该测试调节是否方便，是否在各个位置都能够很好地控制转向。

（8）储物空间、遮阳板、内饰件等检查。

① 检查车内每一个储物空间的整洁度和开启、锁闭的可靠性。目前车内储物空间很多，尽量不要遗漏。

② 检查遮阳板、化妆镜，镜子表面有无滑痕、遮阳板转动是否灵活，是否带有开关灯光功能。

③ 检查车内饰板、拉手、手套箱等内饰件安装是否紧固、有无松动。

④ 检查车内开启加油口、后备箱和发动机舱盖功能。

（9）座椅、安全带检查（见图 3-44）。

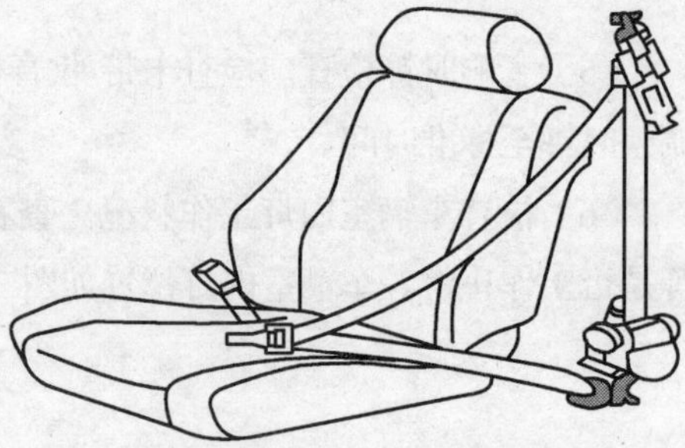

图3-44 座椅、安全带检查

① 座椅表面应清洁、完好，真皮座椅无开裂。

② 前排两个座椅可以进行多方向调节，应该进行调整测试，必须能够达到各个方向的限位点，且调整过程能够保持平顺、无异响。

③ 后座可以进行折叠，应该检查折叠的效果。如果座椅可以放到一定角度，应该进行角度方面的调整测试。

④ 检查每一条安全带拉开、自动回收、锁止的可靠性，并保证操作、平稳顺畅。

（10）门锁检查。检查中控门锁、儿童锁是否起作用，门锁对位是否准确。

（11）检查后备箱灯、内衬和垫板。检查后备箱灯、内衬和垫板是否正常。

（12）车辆怠速状态的检查。起动发动机检查车辆冷机和暖机工作状态是否正常，起动是否顺利，工作中有无异常噪声和振动。

（13）备胎胎压和安装状况。检查备胎胎压和安装状况，调整备胎胎压。

（14）确认随车工具。检查随车工具数量，确认其性能良好。

3. 发动机舱内的检查

（1）发动机机油检查。

① 机油油位检查，检查方法如下。

（a）将汽车停放在平地上，关闭点火钥匙，打开发动机盖。

（b）发动机熄火后等待 5min，拔出机油尺，用布清洁干净机油尺。

（c）把机油尺插回到机油尺孔中，再次拔出机油尺进行检查。检查时，机油尺沿水平向下方向（45°）且顶端放在纱布上面，水平目视检查机油液位是否在油位标记的上下刻线之间（见图 3-45）。若低于下刻线，则及时补充或更换，并查明是否泄漏。

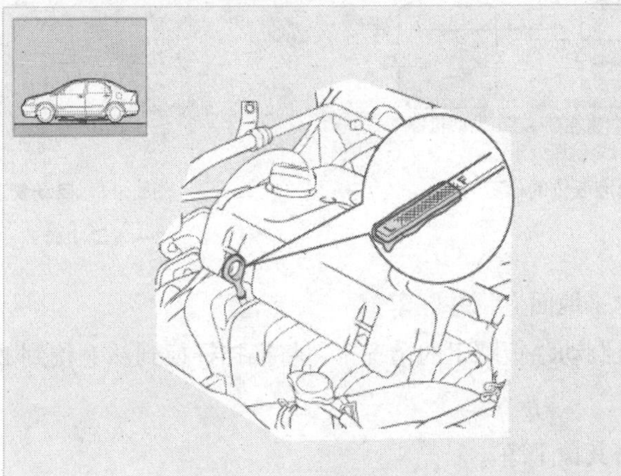

图3-45　机油油位的检查

② 机油品质的检查。

（a）拔出机油尺，滴一滴机油在白纸上，检查机油是否变质、变色或变稀，以及油中是否有杂物。

（b）沾一点机油在手上，用两根手指检查机油是否还具有黏性，若没有黏性，说明机油已达到使用极限，需要更换。

（2）转向助力油检查。

① 油量检查。

（a）发动机怠速时，在保持汽车原地不动时转动方向盘数次，以便使助力转向油温度上升到 40℃～80℃（104℉～176℉）。然后，回退方向盘到中间位置，注意不要使方向盘完全停留在任何一侧超过 10s。

（b）停止发动机。

（c）检查储液罐中的液位是否处于规定的范围内。

（d）检查发动机运行和停止时的液位偏差是否在 5mm 以内，如图 3-46 所示。此时，检查液体是否起泡或者乳化。

② 油质检查。检查转向助力液是否起泡或者乳化，若有则应更换。

（3）自动变速器油检查。

① 油量检查。具体检查方法不同厂家的规定各不相同，应按维修手册进行。下面以丰田卡罗拉为例说明如何进行油位检查。

（a）驾驶车辆，使发动机和自动变速器处于正常工作温度下，油液温度为 70℃～80℃，如图 3-47 所示。

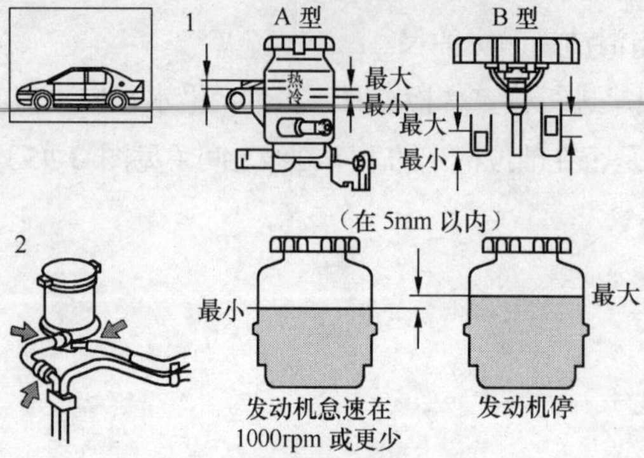

图3-46 动力转向液液位的检查

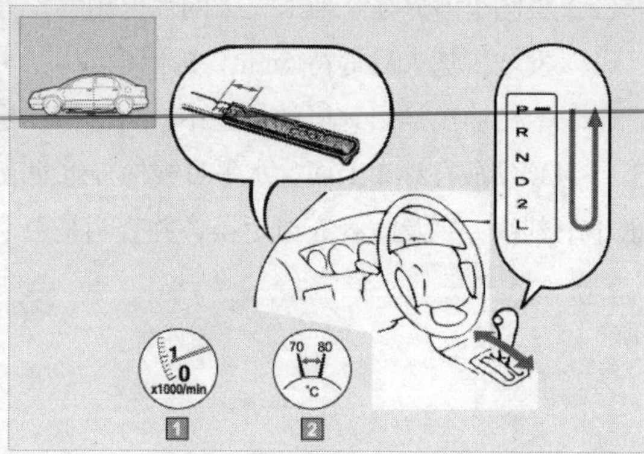

图3-47 自动变速器油位的检查

1—发动机转速；2—油液温度

（b）将车辆停放在水平地面上，并驻车。

（c）在发动机怠速且制动踏板踩下的情况下，将换挡杆换到从 P 位到 L 位置的所有位置，然后回到 P 位置。

（d）拉出油尺，并将其擦干净。

（e）将油尺推回油管中。

（f）再次拉出机油尺，并检查液位是否在 HOT 范围内。如果液位低于 HOT 范围，加注新油并重新检查液位；如果液位超过 HOT 范围，排放一次，添加适量的新油并重新检查液位。

② 油质检查。检查油质、颜色、气味和杂质，确认 ATF 是否过热变质。

（4）刹车油、离合器油检查。

① 油量检查。对于大多数手动挡的汽车来说，离合器液也作为制动液使用，两者可共用储液罐，也可分开单独使用各自的储液罐，其液位检查方法一样。正常的离合器液或制动液的液面应在储液罐的上限与下限刻线之间或标定位置处，如图 3-48 所示。当液位低于标定刻线或下限位置时，应及时补充新的离合器液或制动液到标定刻线或上限位置。

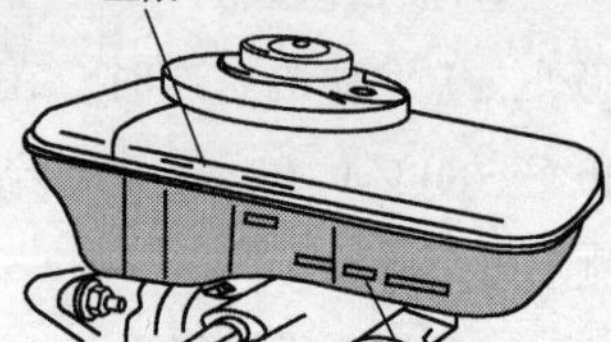

图3-48 制动液液位检查

② 油质检查。滴一滴制动液在白纸上，检查制动液中是否有杂物。观察制动液的颜色，如变色应更换。

（5）玻璃水检查。

① 洗涤装置作用。汽车在风沙或尘土较多的环境中行驶时，会由于灰尘落在挡风玻璃上而影响驾驶员的视线。因此许多汽车的刮水系统中安装了洗涤装置，必要时向挡风玻璃喷水或清洗液，在雨刮的配合下，保持挡风玻璃洁净。风窗洗涤装置由储液罐、清洗泵、输液管、三通、喷嘴、清洗开关等组成，如图 3-49 所示。

② 玻璃水液位检查。储液罐一般由塑料制成，内盛清洗液或水。有些储液罐装有液位传感器，用以指示储液罐中清洗液的液位。大多数车的液位需要人工检查。

如图 3-50 所示，观察储液罐的液位指示标记，若储液罐内的液位低于最低液位，应及时予以补充。不能用肥皂水代替喷洗液，否则会损坏油漆。

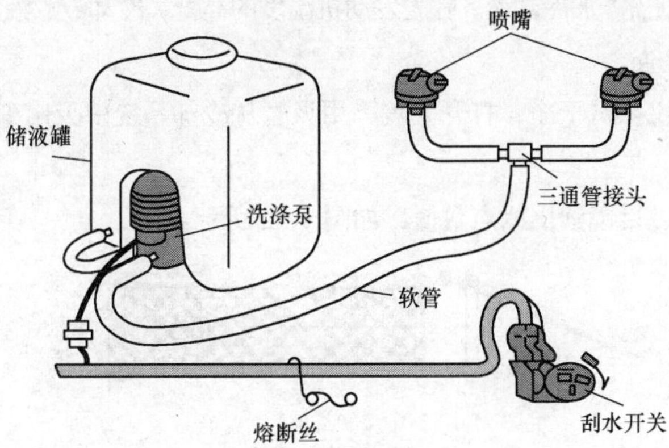

图3-49　洗涤装置组成

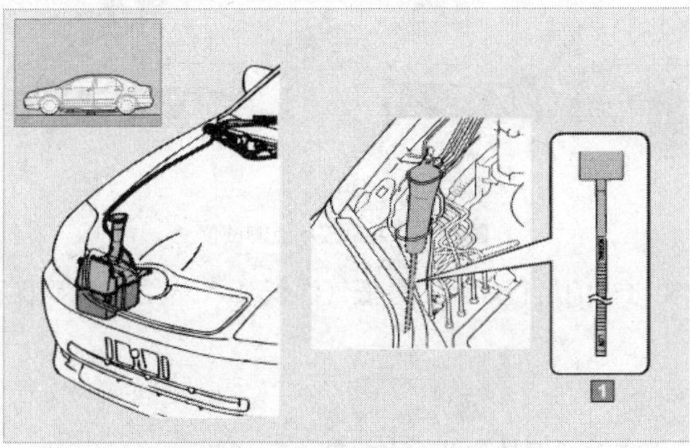

图3-50　玻璃喷洗液液位检查

1—刻度尺

（6）冷却液液位检查。

① 冷却液液位检查。

（a）检查发动机冷却液位时，要等发动机冷却后，检查冷却液贮液灌中的液位，如图 3-51 所示。

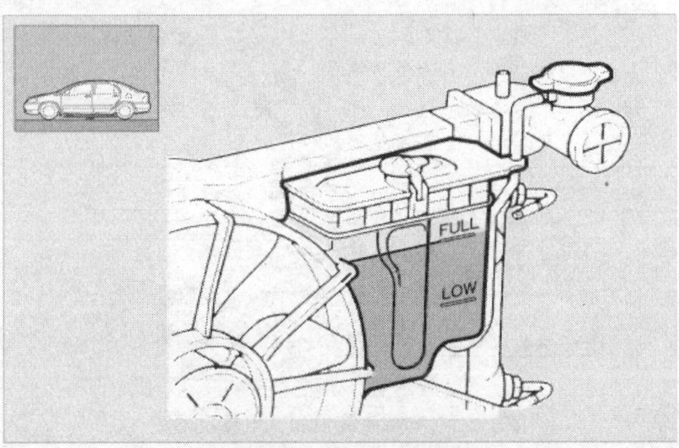

图3-51　冷却液液位的检查

（b）如果液位在储液罐上高位线与低位线之间，则表明液量充分。

（c）如果液位低，则需添加冷却液。随着发动机温度的高低，冷却液贮液灌中的液位也随之变化。

② 冷却液冰点的检查。

（a）将冷却液冰点仪擦拭干净，打开上盖，用吸管从冷却系统中吸出少量冷却液滴于冷却液冰点仪的检测面上。

（b）扣上上盖，通过目镜读出冰点数值，如图 3-52 所示。

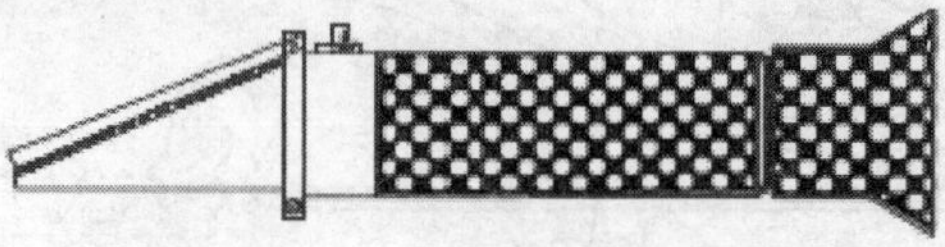

（a）

（b）

图3-52 冷却液冰点测试仪

（c）冷却液的冰点要比车辆运行地区的最低气温低 10℃左右，以确保在特殊情况下冷却液不冻结。

（7）蓄电池电解液检查。

① 检查蓄电池各个单元的液位是否处于上线和下线之间。

② 如果很难确定电解液液位，则通过轻轻摇晃汽车检查。

③ 可以通过拆卸一个通风孔塞并从该开口中观看检查电解液液位。

④ 若液位不足需要加水，需添加蒸馏水。

⑤ 某些类型的蓄电池可以通过蓄电池指示器查看液位和蓄电池状况，如图 3-53 所示。

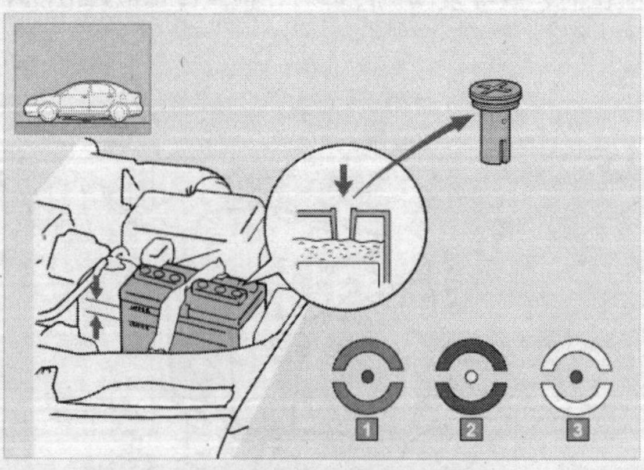

图3-53 电解液液位和充电情况检查

1—蓝色（正常）；2—红色（电解液液位不足）；3—白色（需要充电）

⑥ 使用一个液体密度计检查蓄电池电解液温度为 20℃时，所有单格的密度是否为 1.250～1.280g/cm^3，并且确认蓄电池单格之间的密度偏差是否低于 0.025g/cm^3，如图 3-54 所示。

如果测量时蓄电池电解液温度不是 20℃，则将该温度下的密度换算成 20℃下的密度，然后进行分析判断。

（8）蓄电池电量检查。蓄电池电量的检查可用高率放电计测量放电电压，测量方法如图 3-55 所示。

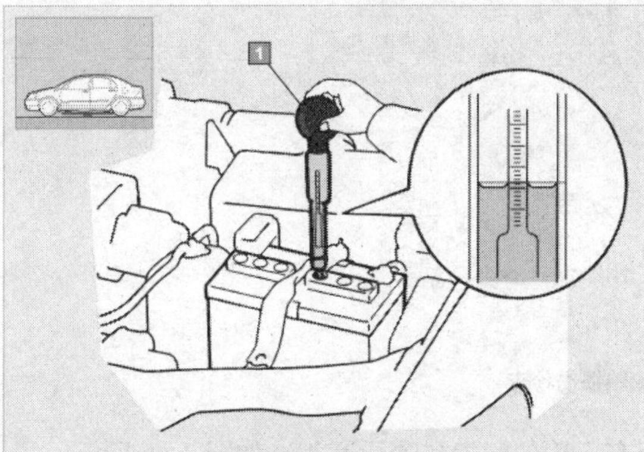

图3-54　蓄电池电解液密度检查

1—液体密度计

图3-55　高率放电计测蓄电池电量

1—蓄电池；2—高率放电计

① 将放电计的两触针紧压在蓄电池的正、负极桩上。

② 测量每次时间不超过 5 s。观察放电计的电压，记录电压值。

③ 观察放电计指针移动情况。指针在绿色区域说明蓄电池电足够，如指针在红色区域，说明蓄电池需充电或损坏。

（9）蓄电池极柱安装状况等的检查。检查蓄电池端子是否腐蚀或松动，检查蓄电池壳体是否有裂纹或者渗漏，检查蓄电池的通风孔塞是否损坏或者通风孔是否阻塞。

（10）油液渗漏检查。检查发动机室油液渗漏情况，看各部件表面有无油污，看地面有没有油液污点。

4. 汽车底部检查。

（1）调整轮胎的气压。利用胎压表检测轮胎胎压，并将车辆前后轮充至标准胎压。检查轮胎气压后，通过在气门周围涂肥皂水检查是否漏气，如图 3-56 所示。

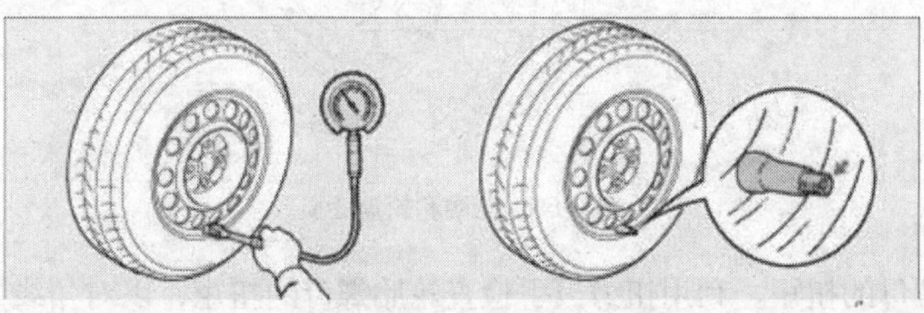

图3-56　轮胎气压和漏气检查

（2）轮胎损伤检查。

① 检查轮胎胎面和胎壁是否有裂纹、割痕或者其他损坏，如图 3-57 所示。

② 检查轮胎的胎面和胎壁是否嵌入任何金属微粒、石子或者其他异物，如图 3-57 所示。

③ 使用一个轮胎深度规测量轮胎的胎面深度，也可以通过观察与地面接触的轮胎表面的胎面磨耗指示标记轻易地检查胎面深度，如图 3-57 所示。

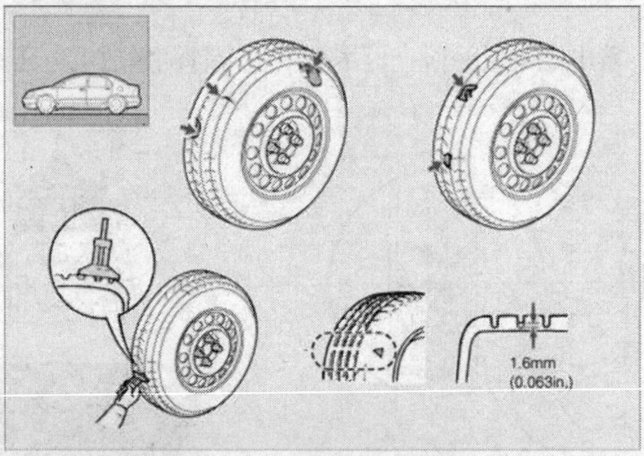

图3-57 轮胎损伤检查

④ 异常磨损检查。检查轮胎的整个外围是否有不均匀磨损和阶段磨损，如图 3-58 所示。

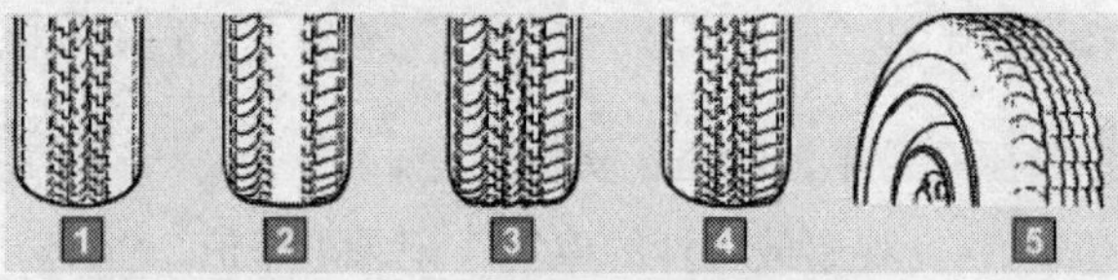

图3-58 轮胎的异常磨损

1—双肩磨损；2—中间磨损；3—薄边磨损；4—单肩磨损；5—跟部磨损

⑤ 轮圈和轮盘损坏。检查轮圈和轮盘是否损坏、腐蚀、变形和跳动，如图 3-59 所示。

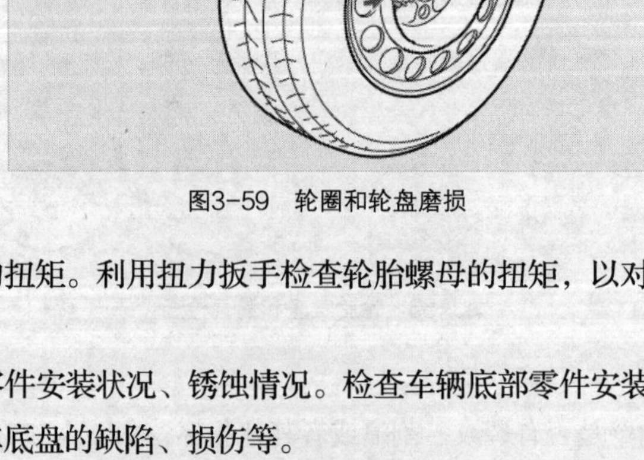

图3-59 轮圈和轮盘磨损

（3）确认轮胎螺母的扭矩。利用扭力扳手检查轮胎螺母的扭矩，以对角线方向按照标准力矩拧紧轮胎螺母。

（4）检查车辆底部零件安装状况、锈蚀情况。检查车辆底部零件安装状况，拧紧底盘和传动系的螺栓、螺母。检查汽车底盘的缺陷、损伤等。

（5）检查油液类的渗漏情况。检查汽车底部有无刹车油、燃油、机油、变速箱油、冷却液，及其他液体的泄漏，如图 3-60 所示，为刹车油泄漏重点检查部位。

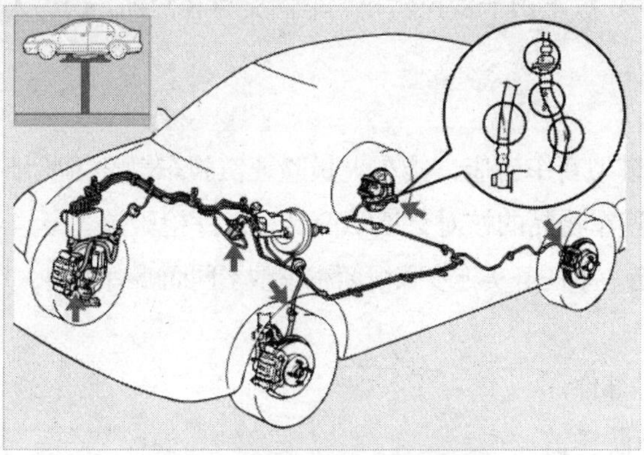

图3-60　刹车油泄漏点的检查

5. 路试检查

（1）检查制动踏板和离合器的自由行程、预留距离等是否合适。

（2）检查发动机在常温下的工作状况是否正常。

（3）检查驾驶性能和操纵性能是否良好。

（4）检查车辆组合仪表的工况是否正常。

（5）检查行驶中离合器、传动桥和差速器的工况是否正常。

（6）检查车辆行车制动器和驻车制动器的工况是否正常。

（7）检查方向盘是否转动自如，有无方向跑偏等情况。

（8）检查车身有无不正常的摆动和噪声。

（9）检查空调是否能正常工作。

（10）检查该车所带其它装置如巡航系统等能否正常工作。

6. 最终检查

（1）取下不必要的标签和覆盖物。

（2）确认随车资料。

（3）清扫和清洗车辆。

（4）检查车辆漆面无任何损伤。

项目实施

一、项目实施环境

（1）各种类型的新车。

（2）常用维护工具、轮胎气压表、举升机、保护装置。

（3）车辆维修手册、项目任务工单及其他相关资料。

二、项目实施步骤

1. 任务导入

客户在4S店购买一辆一汽丰田卡罗拉轿车，车辆交付客户前，销售人员协同售后人员要对汽车实施交车前的检验（PDS）。

2. 实施步骤

（1）验证新车状态。模拟新车到店，接车人员验证实施车辆运输验证，采集车辆基本信息，对车辆逐一实施随车资料和随车物品的核对，填写商品车入库检验单。

（2）恢复新车工作状态。本任务实施步骤视新车车型不同而略有不同，具体步骤如图3-61所示。

① 安装保险丝短路销。

② 安装工厂提供的零部件。

③ 从制动器盘上拆下防锈盖。

④ 安装橡皮车身塞。

⑤ 取下前弹簧隔圈。

⑥ 取下紧急拖车环。

⑦ 调整轮胎空气压力。

⑧ 除去不需要的标签、标志、贴纸等。

⑨ 取掉车身防护膜。

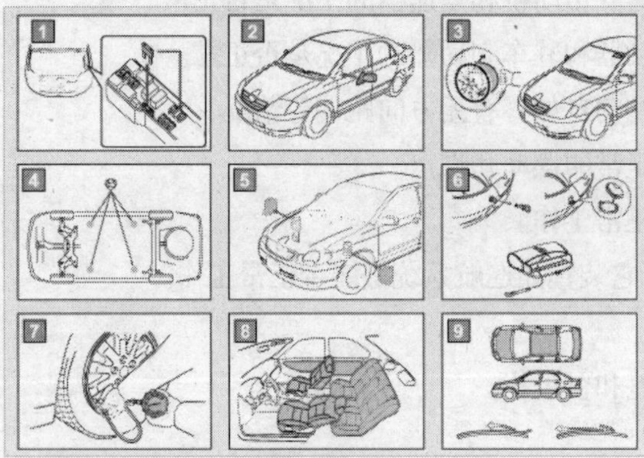

图3-61 恢复新车正常工作状态

（3）新车车辆功能检验。实施新车售前功能检验，填写新车PDS检查表（见表3-10）。

表3-10 新车PDS检查表

步骤	序号	作业项目	检查结果	调整	更换	标准值/极限值	测量值
一、准备工作	1	轮胎气压表、扭力扳手、万用表等工具					
	2	座套、翼子板布、把手、脚垫等车辆保护装置					
	3	安装随车附件					

续表

步骤	序号	作业项目	检查结果	调整	更换	标准值/极限值	测量值
二、大体检查	1	遥控器、报警器检查					
	2	灯光检查					
	3	仪表报警灯					
	4	点烟器、除雾器					
	5	音响、时钟设为正确时间					
	6	室内灯					
	7	方向盘角度及高度可调方向盘动作					
	8	储物空间、遮阳板、内饰件等检查					
	9	座椅、安全带					
	10	门锁					
	11	后备箱灯、内衬和垫板					
	12	车辆怠速状态的检查					
	13	备胎胎压和安装状况					
	14	随车工具					
三、发动机舱内检查	1	发动机机油					
	2	转向助力油					
	3	自动变速器油					
	4	刹车、离合器油					
	5	玻璃水					
	6	冷却液液位					
	7	蓄电池电解液液位					
	8	蓄电池电量					
	9	蓄电池极柱安装等检查					
	10	油液渗漏					
四、汽车底部检查	1	调整胎压					
	2	轮胎损伤检查					
	3	确认轮胎螺母的紧固力矩					
	4	底部零部件安装锈蚀状况检查					
	5	油液渗漏情况					
五、路试检查	1	检查制动踏板和离合器的自由行程、预留距离等是否合适					
	2	检查发动机在常温下的工作状况是否正常					

续表

步骤	序号	作业项目	检查结果	调整	更换	标准值/极限值	测量值
五、路试检查	3	检查驾驶性能和操纵性能是否良好					
	4	检查车辆组合仪表的工况是否正常					
	5	检查行驶中离合器、传动桥和差速器的工况					
	6	检查车辆行车制动器和驻车制动器的工况是否正常					
	7	检查方向盘是否转动自如，有无方向跑偏等情况					
	8	检查车身有无不正常的摆动和噪声					
	9	检查空调是否能正常工作					
	10	检查该车所带其他装置如巡航系统等能否正常工作					
六、最终检查	1	取下不必要的标签和覆盖物					
	2	确认随车资料					
	3	清扫和清洗车辆					
	4	检查车辆漆面无任何损伤					

工单号________ 行走里程________ VIN________	备注
检验员________ 质检员________	服务部长确认 检查日期 经销商名称

知识拓展

新车交车管理规定及交车流程

一、目的

规范新车交付的程序，提高用户满意度。

二、交车前的准备

（1）确认车辆已经接受 PDS 检查。

（2）确认车辆是否已清洗干净。

（3）确认交车资料袋中相关资料是否齐全（附单据清单）。

① 购车发票。

② 购车合同。

③ 首次免费保养卡。

④ 合格证、新车免检证明或上户车辆的购置税证、行驶证等。

⑤ 保险单证。

三、准备交车

（1）确定新车车况良好无误，由有资质的人员将车开到“新车发车区”，准备交车。

（2）新车发车区位于整车展厅内侧，注意大厅的背景音乐。

（3）交车时填写《交车检查表》，陪同用户检测车辆。

（4）向用户解释车辆的保养维修和售后服务内容。

（5）向用户介绍售后服务部门的联系人。

四、交车仪式

（1）交车前一小时通知办公室及时与花店联系，为用户准备鲜花。

（2）将包装精美的车辆钥匙交用户，必须郑重地向用户表示感谢。

（3）通知办公室准备相机与用户合影留念。

五、客户档案管理

（1）客户提车后，销售员将客户资料用档案袋装好。一户一档，月末根据销售明细表核对用户档案，编号后按月存放。

（2）客户档案包括：用户基本信息、身份证复印件（或企业代码证复印件）、销售合同书、最终用户发票复印件、交车检查表、合格证复印件、代办上牌资料、车辆保险确认单、装潢项目清单、分期付款资料（担保资料、收入证明）。

六、服务跟踪

（1）由整车销售部门安排销售员及市场部进行回访工作，认真填写《用户回访跟踪服务表》。

（2）由办公室将合影照片、总经理签名的感谢信面交用户，同时请客户配合填写《用户调查问卷》作为考核销售员业绩的依据。

课后自测

一、填空题

（1）新车交付检验包含两个任务，即________________和新车交付的车辆功能检验。

（2）车辆识别代号经过排列组合，可以使车型生产在________年之内不会发生重号现象。

（3）车辆识别代码是正确识别汽车必不可少的信息参数，它由________位数字和字母组合而成。VIN 码的标注具有统一的规范，其内容包括__________（WMI）、车辆说明部分（VDS）和__________（VIS）3 部分。

（4）一辆在用车其车辆识别码为 LFMAAB0A5A1000001，则其生产年份为________年。

（5）新车的随车物品包括汽车手续资料和________________。

（6）车内防护四件套指__________________、__________________、__________________和

换挡杆套。

（7）新车交付前的车辆功能检验主要包括检验前的准备工作、____________、发动机舱内的检查、____________、路试检查和最终检查 6 个方面。

（8）汽车灯系可分为____________和____________两部分。

（9）将点火开关转到 ON，检查所有的警告灯应该____________，包括放电警告灯、机油压力报警灯等。

（10）刮水器的主要挡位有：____________挡、____________挡、间歇挡、低速间歇挡、雾功能挡等。

（11）目前普通蓄电池和____________蓄电池在汽车使用较多。

二、简答题

（1）什么是车辆识别码？

（2）车辆识别码的标注位置有哪些？

（3）车辆铭牌主要包含的内容有哪些？

（4）实施 PDS 的目的是什么？

（5）新车随车物品主要包括哪些？

（6）恢复新车正常的工作状态主要有哪些步骤？

（7）灯光检查主要有哪些检查项目？

（8）变光器开关的自动回位功能如何检查？

（9）蓄电池有什么作用？

（10）蓄电池有哪些检查项目？

（11）发动机机舱内主要检查哪些工作液液位？

（12）路试检查有哪些检查内容？

Chapter 4

项目四

车辆日常维护

任务描述

客户新购进一辆大众速腾轿车，车主想了解车辆日常维护有哪些项目及如何实施。本项目将详细介绍汽车的日常维护作业。

能力目标

（1）能正确执行操作规范和安全规章。

（2）能在生产过程中贯彻环保的各项规定。

（3）能在生产过程中贯彻 5S 理念。

（4）能熟练介绍汽车日常维护内容及功能。

（5）能向客户示范日常维护工作。

（6）能解答客户有关车辆使用的各种疑问。

相关知识

汽车在使用过程中，各部件将产生不同程度的松动、磨损或损坏，使汽车技术状况变坏。日常维护是保持汽车正常状况的基础工作，由驾驶员负责完成。日常维护的好坏，直接影响到行车的安全。为了预防事故和保证行车安全，应随时了解和掌握汽车的技术状况。汽车在使用中，必须坚持进行日常维护。

汽车日常维护的目的是保证车辆各部分的清洁和润滑，及各总成、部件工作正常。尤其要掌握车辆安全部件的技术状况，保证其工作可靠性。具体做到：车容整洁；工作介质（燃油、润滑油、动力传动液、冷却液、制动液及蓄电池电解液等）充足；密封良好，水、电、油、气无泄漏；附件齐全，无松动；制动可靠，转向灵敏，灯光喇叭等工作正常。

一、车辆日常维护要求

1. 清洁要求

对汽车外观、发动机外表进行清洁，保持车容整洁。保持汽车外观和发动机外表的整洁，不仅是文明生产的需要，也是汽车各部分正常工作的需要。

2. 检视补给要求

对汽车各部分润滑油（脂）、燃油、冷却液、制动液及液压油等各种介质和轮胎气压等应进行检视补给。汽车油液是各部分正常工作必不可少的工作介质，必须保证其充足、清洁和性能良好。轮胎气压必须符合要求，这是保证汽车正常行驶的基本条件。所以对油液和轮胎气压等进行检视补给是汽车日常维护的基本作业内容。

3. 安全装置和发动机状况检查要求

对汽车制动、转向、传动、悬架、灯光、信号等安全部件和装置以及发动机运转状态进行检视、校紧，确保行车安全。随着道路条件的改善，汽车运行速度不断提高，对汽车安全行驶的要求也越来越高。保证安全部件始终处于完好状态非常重要，是日常维护、检查的重点。发动机的技术状况直接影响汽车的动力性能、排放净化性能和燃油消耗率，随着环保和节能要求的日益提高，发动机的技术性能要求也在不断提高，要重点进行检查。

二、车辆日常维护作业

日常维护由驾驶员执行，主要包括出车前、行车中和收车后的车辆维护作业，其作业中心内容是清洁、补给和安全检视。

1. 出车前的日常维护

（1）打开发动机室盖（前机舱盖）检查，如图 4-1 所示，其主要内容包括以下几方面。

① 检查机油液位。

② 检查制动液液位。

③ 检查转向助力液液位。

④ 检查冷却液液位。

⑤ 检查玻璃喷洗液液位。

⑥ 检查蓄电池电解液液位。

（2）环绕车辆周围检查，如图 4-2 所示，其主要内容包括以下几方面。

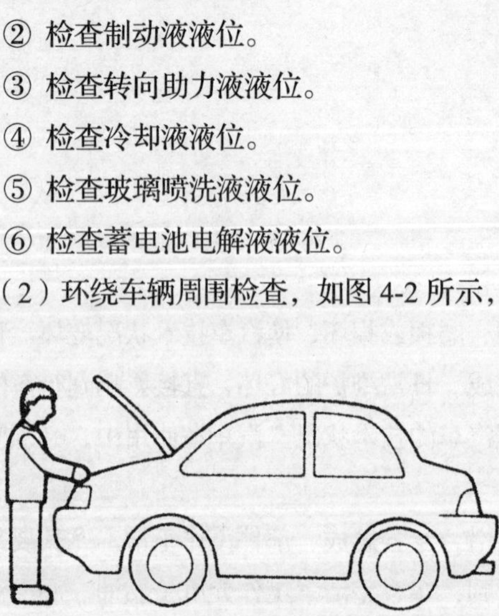

图4-1 发动机室内检查

图4-2 绕车检查

① 检查轮胎气压。

② 检查轮胎龟裂、损坏情况。

③ 检查轮胎花纹的深度、异常磨损情况。

④ 检查灯光装置的脏污、损坏情况。

⑤ 检查整车外观、油漆和腐蚀情况。

⑥ 检查整车各种液体的泄漏情况。

⑦ 检查风窗玻璃和倒车镜。

⑧ 检查车门和发动机盖等的技术状况。

（3）坐在驾驶室检查，如图 4-3 所示，其主要内容包括以下几方面。

① 检查驻车制动器的操作状况。

② 检查发动机运转情况、有无异响。

③ 检查制动踏板、加速踏板和离合器踏板的踩下状态。

④ 检查清洗液的喷射状态。

⑤ 检查刮水器的擦拭状态。

⑥ 检查灯光系统与转向灯的工作情况。

⑦ 检查仪表板报警信号灯和警告蜂鸣器的工作状态。

⑧ 检查后视镜和遮阳板的工作状态。

⑨ 检查座椅和安全带的工作状态。

2. 行车中的日常维护

车辆行驶过程中应随时留意车辆工作状况，如图 4-4 所示，其主要内容包括以下几方面。

图4-3 坐在驾驶室检查

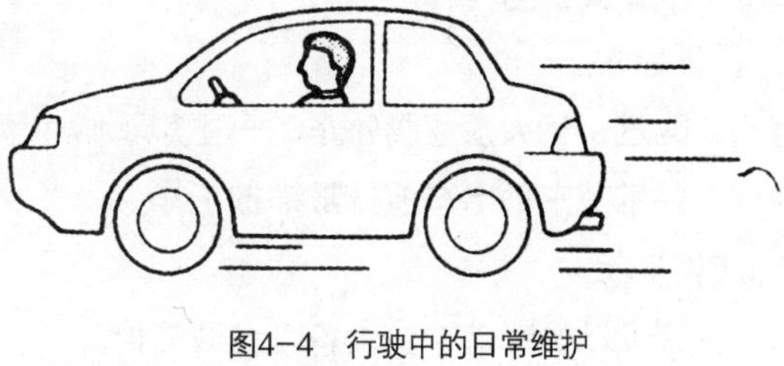

图4-4 行驶中的日常维护

（1）行驶中检查与观察。在行驶中，应密切注意各仪表的显示，注意发动机和底盘的工作状况。

① 注意仪表的显示情况。

② 注意汽车的行驶状况。

（2）途中停车时的检查。停车时，应注意检查轮毂轴承、轮胎、制动鼓、变速器和驱动桥等部位，看其温度是否正常。

（3）检查底盘各部的固定情况。检查轮胎是否缺气、漏气，轮胎固定螺栓应齐全、紧固可靠。底盘各总成应固定可靠，无异常响声；如果出现异响，应及时查明原因并予以排除。

（4）检查全车有无漏油、漏水、漏气和漏电现象。应时常注意全车有无漏油、漏水、漏气和漏电现象。

3. 收车后的日常维护

在收车后，还需进行如下工作。

（1）清洁全车内部。

① 冲洗车辆时必须停止发动机的转动。

② 清洗风窗玻璃要在湿的状态下进行，不要使用硬器物刮玻璃上的污物，以防损伤玻璃，影响视线。

③ 驾驶室内顶棚里衬应定期用软毛刷以中性的清洗液洗涤，再用干净柔软布块拭干。

（2）检查补充油液、紧固螺栓并排除故障。

① 检查补充燃油、机油、冷却液和润滑脂。按要求补充燃油、机油、冷却液、制动液和动力转向油等油液。

② 检查各部有无损伤、漏气、漏油、漏水和漏电现象，及时调整和解决存在的问题。

③ 处理好发动机的防冻问题。

④ 检查轮胎情况。检查轮胎气压，不足时及时补充轮胎气压，清除轮胎上的杂物。

项目实施

一、项目实施环境

（1）待维护车辆。

（2）轮胎气压表等简单工具。

二、项目实施步骤

1. 任务导入

客户新购进一辆大众速腾轿车，车主想了解车辆日常维护有哪些项目及如何实施。请为其讲解主要内容，并示范车辆出车前日常维护工作。

2. 实施步骤

（1）打开发动机室盖，检查各工作液液位。

① 检查机油液位。

② 检查制动液液位。

③ 检查转向助力液液位。

④ 检查冷却液液位。

⑤ 检查玻璃喷洗液液位。

⑥ 检查蓄电池电解液液位。

（2）环绕车辆周围检查以下项目。

① 检查轮胎气压状态。

② 检查轮胎龟裂、损坏情况。

③ 检查轮胎花纹的深度、异常磨损情况。

④ 检查灯光装置的脏污、损坏情况。

⑤ 检查整车外观、油漆和腐蚀情况。

⑥ 检查整车各种液体的泄漏情况。

⑦ 检查风窗玻璃和倒车镜状态。

⑧ 检查车门和发动机盖等的技术状况。

（3）坐在驾驶席检查以下项目。

① 检查驻车制动器的操作状态。

② 检查发动机运转情况、有无异响。

③ 检查制动踏板、加速踏板和离合器踏板的踩下状态。

④ 检查清洗液的喷射状态。

⑤ 检查刮水器的擦拭状态。

⑥ 检查灯光系统与转向灯的工作情况。

⑦ 检查仪表板报警信号灯和警告蜂鸣器的工作状态。

⑧ 检查后视镜和遮阳板的工作状态。

⑨ 检查座椅和安全带的工作状态。

知识拓展

道路运输车辆维护管理规定

（交通部 1998 年第 2 号令发布，交通部 2001 年第 4 号令修正）

第一章　总则

第一条　为加强道路运输车辆管理，保持车辆技术状况良好，确保运行安全，保护环境，降低运行消耗，提高运输质量，根据国家有关规定，制定本规定。

第二条　车辆维护制度是贯彻安全第一、预防为主的方针，保障汽车运行安全的基本制度。车辆维护是指道路运输车辆运行到国家有关标准规定的行驶里程或间隔时间，必须按期执行的维护作业。

第三条　本规定适用于在中华人民共和国境内，从事道路客货运输的经营业户（单位或个人）、汽车维修一、二类企业及汽车综合性能检测站。

第四条　各级交通行政主管部门归口管理辖区内道路运输车辆的维护管理工作，各级道路运输管理机构负责组织实施。

第二章 道路运输车辆维护

第五条 道路运输车辆的维护分为：日常维护、一级维护、二级维护。

日常维护是由驾驶员每日出车前、行车中和收车后负责执行的车辆维护作业。其作业中心内容是清洁、补给和安全检视。

一级维护是由维修企业负责执行的车辆维护作业。其作业中心内容除日常维护作业外，以清洁、润滑、紧固为主，并检查有关制动、操纵等安全部件。

二级维护是由维修企业负责执行的车辆维护企业。其作业中心内容是除一级维护作业外，以检查、调整转向节、转向摇臂、制动蹄片、悬架等经过一定时间的使用容易磨损或变形的安全部件为主，并拆检轮胎，进行轮胎换位。二级维护必须按期执行。

第六条 道路运输经营业户和驾驶员，必须按国家或行业有关标准规定的行驶里程或间隔时间，对车辆进行维护作业，进口车辆及特种车辆按出厂说明书的规定执行。

第七条 道路运输经营业户，可以自主选择经道路运输管理机构资质认定的二类以上的汽车维修企业进行维护作业。危险品运输车辆必须到具备危险品运输车辆修理条件的维修企业进行维护作业。

第八条 经道路运输管理机构资质认定，达到二类以上汽车维修企业开业条件的道路运输经营业户，可以对本单位的车辆进行维护作业。

第九条 凡从事道路运输车辆维护作业的维修企业(以下简称维修企业)，应遵守国家有关法规、标准，按规定的作业规范或说明书进行作业，不得漏项或减项作业。

第十条 维修企业实行车辆维修合同制，承修方与托修方应签订维修合同，并实行竣工上线检测制度、出厂合格证制度和质量保证期制度。

第十一条 维修企业应与经道路运输管理机构资质认定的汽车综合性能检测站签订二级维护竣工检测委托合同书。

第十二条 维修企业应配备专职的质量检验员和价格结算人员。质量检验员及价格结算人员必须经过培训，考核合格持证上岗。

第十三条 维格企业及价格结算人员，应严格执行当地交通部门制定的工时定额，并严格按当地交通部门会同物价部门制定的工时费率标准收取工时费。

第三章 道路运输车辆二级维护检测

第十四条 道路运输车辆二级维护检测分为三类：

（一）二级维护前的诊断检测，主要是针对驾驶员的反映和车辆的外检情况，应用仪器、设备对车辆进行不解体诊断检测，以确定二级维护的附加作业项目。由维修企业按标准来执行，出具的诊断报告，作为签订维护合同的依据之一。

（二）二级维护作业过程中的检测，主要对二级维护生产过程中的车辆维修质量进行跟踪检测，发现问题及时解决，由维修企业按标准进行，并作出检测记录。

（三）二级维护竣工检测主要是对二级维护及其附加作业项目的作业质量进行检测评定，由汽车综合性能检测站按标准进行，出具的检测报告，作为维修企业的质量检验员签发出厂合格证的依据之一。

第十五条　汽车综合性能检测站应配备技术负责人、质量负责入和专职的检测员，并必须经过培训，考核合格并取得证书后方可上岗。

第十六条　汽车综合性能检测站应严格执行交通部门制定的有关检测标准、规范和程序，由技术负责人签发检测报告。汽车综合性能检测站应严格按当地交通部门会同物价部门制定的检测费标准收取检测费。

第四章　管理与监督检查

第十七条　道路运输经营业户，必须按国家有关规定执行车辆维护制度，并加强管理。车辆的二级维护由各级道路运输管理机构负责监督管理。

第十八条　车辆二级维护出厂前，须进行竣工检测，并由维修企业的质量检验员审验合格后，签发出厂合格证。维修企业应开具统一规定的汽车维修项目、费用清单和结算凭证。

第十九条　道路运输经营业户应持出厂合格证到当地道路运输管理机构审核备案。实行了计算机联网的地区，应实现车辆技术管理及信息传递的自动化。

第二十条　从事驻在运输超过三个月的车辆，车主应持车籍地道路运输管理机构的委托书，纳入驻在地车辆维护的管理。

第二十一条　对车辆二级维护执行情况的监督应在车站、货场和车辆所属道路运输经营业户驻地进行。对达到二级维护里程或间隔时间的车辆，道路运输经营业户应自觉按时维护，道路运输管理机构要及时督促道路运输经营业户按时维护。

第二十二条　道路运输经营业户年度审验时应出示车辆二级维护出厂合格证（已审核备案的除外）。

第二十三条　对维修企业，主要检查其执行国家有关车辆维护规范的情况、经营行为、在质量保证期内的返修率和质量监督抽查上线检测一次合格率。质量保证期内的车辆返修率应低于 5%，质量监督抽查上线检测一次合格率应不低于 85%。

第二十四条　对汽车综合性能检测站，主要检查二级维护竣工检测标准及项目的执行情况和经营行为。

第五章　罚则

第二十五条　对违反本规定的单位和个人，由交通行政主管部门（或其委托的道路运输管理机构）按有关行政处罚规定予以处罚。

第六章　附则

第二十六条　各省、自治区、直辖市交通厅（局、委）可根据本地实际情况制定实施细则。

第二十七条　非营运车辆可参照本规定执行。

第二十八舞　本规定由中华人民共和国交通部负责解释。

第二十九条　本规定自一九九八年四月一日起施行。以前有关规定与本规定有抵触的按本规定执行。

课后自测

简答题

（1）车辆日常维护的目的是什么?

（2）出车前的日常维护主要包括哪 3 部分，各自的维护内容有哪些?

（3）行驶中的日常维护有哪些内容?

（4）收车后的日常维护有哪些内容?

Chapter

5

项目五

车辆 5 000km 维护

任务描述

客户王先生购买一辆一汽丰田卡罗拉轿车，厂家建议车辆每 5 000km 进行例行保养，以确保车辆各项性能处于优良的状态，提高行车安全性，延长车辆使用寿命。该例行保养由汽车维修车间维修技术员负责实施，主要保养内容为机油机滤的更换及多项常规检查。

本项目以客户王先生卡罗拉轿车 5 000km 保养这个实际工作任务为载体，详细介绍车辆 5 000km 保养的内容、流程、作业方法和技术标准。保养中一些常规检查在前面项目的相关知识中已经讲述，已经讲过的知识点本项目将不再赘述。本项目实施环节以汽车 4S 店 5 000km 保养实际作业工单为引导，强化实际维护技能训练，使理论知识、技能训练与实际工作任务实现零距离接轨。

能力目标

（1）能正确执行操作规范和安全规章，在生产过程中贯彻 5S 理念。

（2）能独立完成工作计划要求的 5 000km 维护作业项目。

（3）能正确填写车辆 5 000km 维护作业工单。

（4）能查阅维修手册、专业网站等资源，解决实际问题。

相关知识

一、预检工作

检查前，在客户的车辆内务必安装好三件套（有的是五件套）等，以防止灰尘、油污或划伤。做好准备工作后，开始进行检查。

1. 驾驶员座椅

安装座椅套、地毯垫、方向盘罩，打开发动机盖（通过拉动发动机盖释放柄实现），如图 5-1 所示。

2. 车辆的前部

打开发动机盖，放上翼子板布，放上前格栅布，用车轮挡块挡住车轮，如图 5-1 所示。

3. 发动机室

机油及工作液位检查如图 5-2 所示。确认散热器和储液罐内有充足的冷却液，用油尺检查发动机机油液位，检查制动总泵的贮液箱内确有制动液，检查玻璃喷洗液的液位，拆卸机油加注口盖（以便排放发动机机油）。

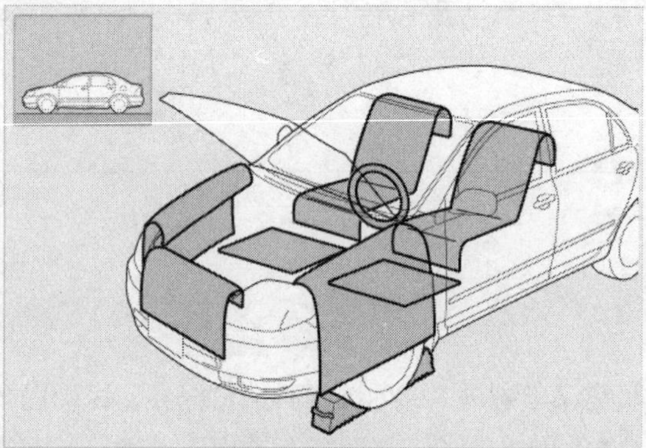

图5-1 预检工作

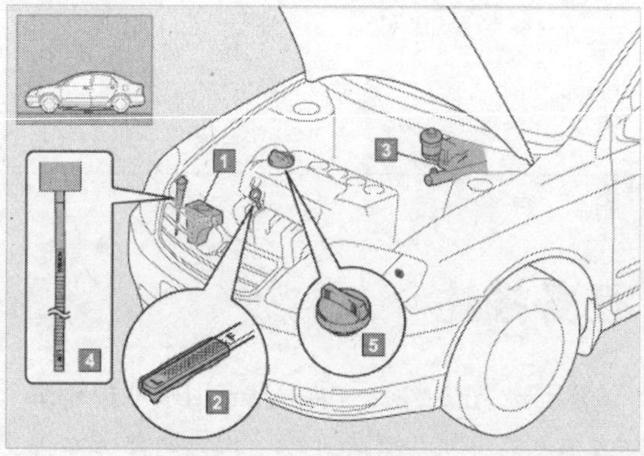

图5-2 发动机室检查

1—散热器储液罐；2—发动机机油油尺；3—制动总泵储液罐；4—洗涤器液位尺；5—机油加注盖

此项对机油和工作液检查工作的目的是确定在定期检查过程中是否存有起动发动机或开动刮水器所需的最低机油和工作液量。

二、机油、机油滤清器的检查与更换

1. 润滑系的作用与润滑方式

（1）润滑系的作用。

① 润滑作用。形成液体摩擦，降低摩擦、磨损，降低摩擦功率损失。

② 清洗作用。带走磨损下来的金属磨屑和其他杂质。

③ 冷却作用。带走因摩擦产生的热量，使零件温度不致过高。

④ 密封作用。润滑油粘附于运动零件表面，提高零件的密封效果。

⑤ 防锈作用。润滑油附着于零件表面，防止与水分、空气及燃气接触氧化。

（2）润滑方式。

① 压力润滑。它是将具有一定压力的润滑油源源不断地送到零件的摩擦面间，形成具有一定厚度并能承受一定机械负荷的油膜，尽量将两摩擦零件完全隔开以实现可靠的润滑。发动机上采用这种润滑方式的部位有：曲轴各轴颈之间、凸轮轴颈与轴承之间、摇臂轴与摇臂之间等。因此，在缸体或者缸盖上设有专门的油道来向这些部位输送润滑油。

② 飞溅润滑。它是利用发动机工作时某些运动零件（主要是曲轴和凸轮轴）旋转时飞溅起的或者从连杆大头上专设的油孔喷出的油滴和油雾，对摩擦表面进行润滑的一种方式。发动机上采用这种润滑方式的部位有：缸壁、凸轮等；相对运动速度较低的零件，如活塞销等；机械负荷较轻的零件，如挺柱等。

③ 定期润滑。它是对一些不太重要、分散的部位，采用定期加注润滑脂的方式进行润滑，如发动机上的水泵、汽车底盘等。

2. 润滑系的组成

润滑系的组成主要包括以下几部分，如图5-3所示。

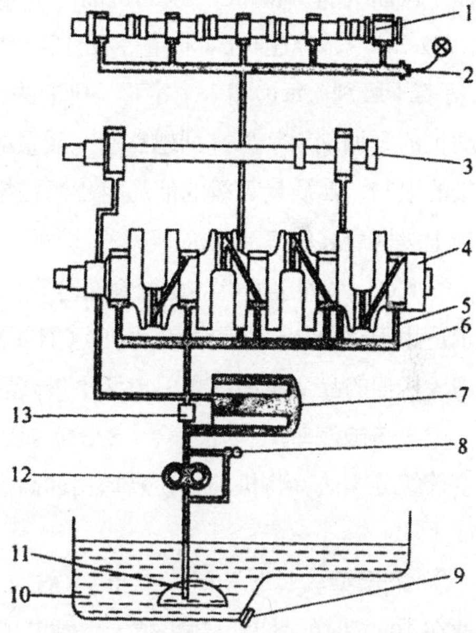

图5-3　润滑系的组成

1—凸轮轴；2—机油压力开关；3—中间轴；4—曲轴；5—分油道；6—主油道；7—机油滤清器；8—安全阀；9—放油塞；10—油底壳；11—机油集滤器；12—机油泵；13—旁通阀

（1）油底壳。用来贮存润滑油。在大多数发动机上，油底壳还起到为润滑油散热的作用。

（2）机油泵。机油泵将润滑油从油底壳中抽出，加压后源源不断地送至各零件表面进行润滑，维持润滑油在润滑系中的循环。机油泵大多装于曲轴箱内，也有些柴油机将机油泵装于曲轴箱外面。

（3）机油滤清器。机油滤清器按过滤能力分为集滤器、粗滤器、细滤器。现代汽车上，多将粗滤器和细滤器制成整体，定期更换。

（4）润滑油路。发动机工作时，机油经集滤器初步过滤后进入机油泵，机油泵输出的机油全部流经滤清器，然后进入纵向主油道；主油道中的机油分别由各分油道进入曲轴主轴承和连杆轴承，再通过连杆杆身的油道润滑活塞销，并对活塞进行喷油冷却；中间轴的润滑由发动机前边第一条横向斜油道和从机油滤清器出来的油道供给；气缸盖上的纵向油道与主油道相通，并通过横向油道润滑凸轮轴轴颈及向液力挺柱供油；在缸盖和缸体的一侧布置了回油孔，使缸盖上的机油流回曲轴箱。

（5）阀类。在润滑系中设有安全阀和旁通阀等，以确保润滑系正常工作。

① 安全阀。安全阀又叫限压阀，其作用是限制润滑系中机油的最高压力。

② 旁通阀。旁通阀用以保证润滑系内油路畅通。当机油滤清器堵塞时，机油通过并联在其上的旁通阀直接进入润滑系的主油道，防止主油道断油。旁通阀与限压阀的结构基本相同，只是其安装位置、控制压力、溢流方向不同，通常旁通阀弹簧刚度要比限压阀弹簧刚度小得多。

（6）油尺和机油压力表。油尺是用来检查油底壳内油量和油面高低的。它是一片金属杆，下端制成扁平，并有刻线。机油油面必须处于油尺上下刻线之间。机油压力表是用来检测润滑系主油道压力的一种专用量具。

3. 润滑油

发动机润滑油分为汽油机油和柴油机油。当你到市场上去购买一桶机油时，你会发现在包装上有个标记，如 SM 5W/40、CF 10W/30 等。它们不是商标，而是发动机机油的牌号，表示该产品的使用范围、质量等级和黏度级别。要弄清它的含义，必须弄清汽车发动机机油是如何分类的。

我国机油产品的牌号与国际通用标准一致，其等级分类都沿用美国石油学会（API）和美国汽车工程师学会（SAE）这两种分类标准。

（1）美国石油学会（API）机油等级标准。API 发动机机油质量分类体系有 2 种，即“S”系列机油（汽油机油）和“C”系列机油（柴油机油）质量等级。

①“S”系列汽油机油质量等级分类，按英文字母排列序号依次进行划分，如 SE、SF、SH、SJ、SL 等若干级别。每递增一个字母，机油的性能就会较前一级更为优越，机油中就会有更多用来保护发动机的添加剂。字母排列越靠后，质量等级就越高。随着汽车性能的不断提高，以及对汽车排放污染的限制，高质量等级的油品将不断被推出。2010 年 SN 级的机油正式投放市场，该机油是目前市场上级别最高的汽油机油。

②“C”系列柴油机油质量等级分类，如 CD、CE、CF-2、CF-4、CG-4、CH-4 等，其中 CF-2 表示适用于重负荷、二冲程发动机，CH-4 表示适用于高速、四冲程柴油发动机。字母的排列序号越往后，机油的品质越高。目前市场上最高质量等级的柴油机油为 CJ 级别的机油。

（2）美国汽车工程师学会（SAE）机油等级标准。美国汽车工程师学会（SAE）采用的是机油黏度等级分类法，将机油分为夏季用的高温型、冬季用的低温型和冬夏用的全天候型 3 类，具体含义如下。

① 高温型。其型号有 SAE20、SAE30、SAE40、SAE50 和 SAE60 等 5 种。其标明的数字表示机油在 100℃时的黏度，数字越大，黏度越高。

② 低温型。其型号有 SAE0W、SAE5W、SAE10W、SAE15W、SAE20W 和 SAE25W 等 6 种。数字越小，黏度越低，低温流动性越好。

③ 全天候型（多级机油）。其型号有 SAE5W/20 等，其中 5W 表示其低温性能与 SAE5W 机油一致，20 表示其高温性能与 SAE20 机油相当。

我国汽车发动机润滑油的黏度等级分类，同样采用上述美国汽车工程学会（SAE）等级分类法标准。

4. 机油的检查

（1）机油油位的检查。

① 将汽车停放在平地上，关闭点火钥匙，打开发动机盖。

② 发动机熄火后等待 5min，拔出机油尺，用布将机油尺清洁干净。

③ 把机油尺插回到机油尺孔中，再次拔出机油尺进行检查。检查时，机油尺沿水平向下方向（45°）且顶端放在纱布上面，水平目视检查机油液位是否在油位标记的上下刻线之间（见图 5-4）。若低于下刻线，则应及时补充或更换，并查明是否泄漏。

（2）机油品质的检查。机油质量很重要，变质的机油起不到润滑作用，容易使运动机件产生磨损，造成零件过早损坏。检查的方法主要有机油外观气味检查和油滴斑点的检验。

抽出机油尺取几滴机油，直接用眼睛观看，可以大致分清机油的情况。

① 如果机油比较清澈，表示污染不严重。但要注意，掺有浮游性添加剂的机油在使用中会很快变成暗黑色，这是添加剂的作用，属正常现象，不能误认为机油已经变质。

② 如果机油显示雾状，油色混浊或乳化，表示机油被水严重污染。

③ 如果机油呈灰色，闻之有燃油气味，表示机油被燃油稀释。

④ 如果机油放置一段时间后，上层油色变淡，表示机油添加剂已失去作用。

⑤ 如果用手捻搓机油，感觉有细颗粒搓手，表示机油里已含有较多的杂质。

油滴斑点的检验是指在发动机运转或刚停机后，直接从发动机取样，将机油尺滴下的第 3 或第 4 滴油滴在专用滤纸上。滤纸应平放，背部不与其他物体接触，即展示一个油斑痕迹，如图 5-5 所示。

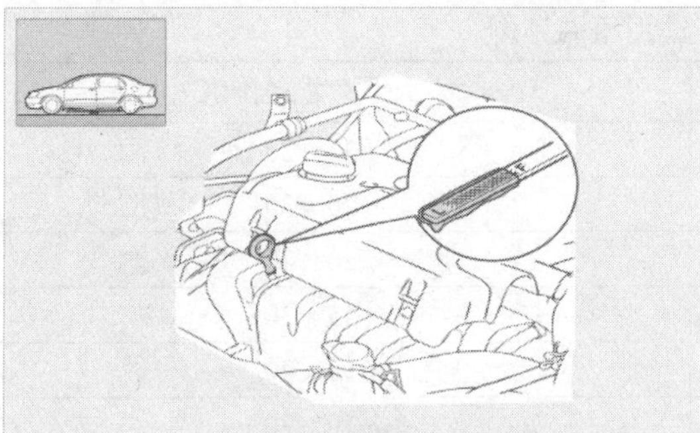

图5-4　机油油位的检查

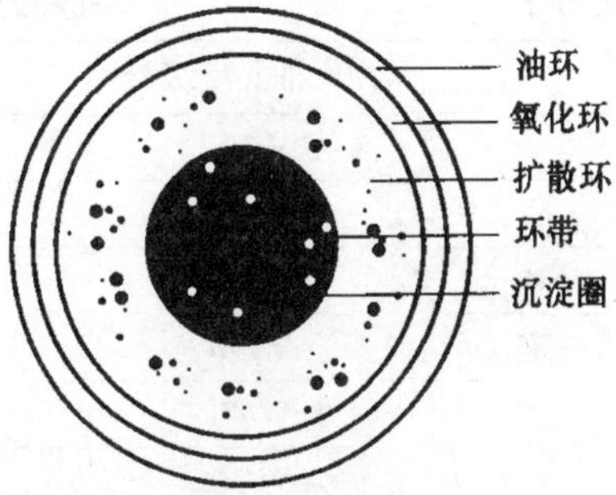

图5-5　机油斑点检验

把滴定好的滤纸斑点图与标准滤纸斑点图谱对比分析，即可对在用润滑油品质作出判断。滤纸斑点图及对比分析标准滤纸斑点图谱分 6 级。每级斑点图特征和分析、判断方法如下。

① 1 级滤纸斑点图的核心区和扩散环，光亮无色或颜色很浅，无明显沉积环。说明是新润滑油或使用时间很短的润滑油，尚无污染，可继续使用。

② 2 级滤纸斑点图的沉积环与扩散环界限分明，扩散环很宽，油环明亮。说明润滑油使用时间不长，污染程度很轻，清净分散性良好，可继续使用。

③ 3 级滤纸斑点图沉积环黯黑，扩散环较宽，油环明亮。说明润滑油使用时间较久，污染程度较重，但清净分散性尚好，可继续使用。

④ 4 级滤纸斑点图沉积环深黑，扩散环开始缩小，油环浅黄。说明润滑油使用时间很长，污染严重，沉积物增多，清净分散性下降，尚可继续使用。

⑤ 5 级滤纸斑点图沉积环深黑，甚至呈油泥状，不易干，扩散环狭窄，油环扩大且呈黄色。说明润滑油的污染已很严重，清净分散性已很差，清净分散剂消耗将尽，不能继续使用，必须换用新机油。

⑥ 6 级滤纸斑点图只剩极黑的沉积环与棕黄色油环，扩散环已完全消失。说明润滑油的污染已十分严重，清净分散剂耗尽，早已过了换油期，应及时更换润滑油。

5. 机油的更换

（1）润滑油的选用原则。更换机油的时，不要随便使用，而要针对不同的发动机选择机油的种类。柴油机油与汽油机油不可混用，但汽、柴通用机油则可通用于汽油机和柴油机。

① 重视油品的质量等级。要重视油品质量等级的选择，应尽量选择高质量等级的油品。选用机油的原则是严格按汽车《用户手册》规定的用油等级来用油选油。汽车出厂时，随车有一本《用户手册》。手册上规定了用什么等级的机油。在需要时，应按《用户手册》规定的牌号选购机油。若无《用户手册》上规定的机油，可以选用高于《用户手册》规定的质量等级的机油，切不可选用低于《用户手册》规定的质量等级的机油。

② 重视油品的黏度等级。要重视油品黏度等级的选择，应按照汽车制造商的要求和本车的实际使用环境，选择一个最佳的黏度。最好选用能冬夏季通用的全天候润滑油，以避免随季节换油，减少工作量和出问题的可能性。全天候润滑油黏度级号与适用温度范围如表 5-1 所示。

表 5-1　机油黏度级号与适用气温范围

常用机油黏度级号	适用气温范围/℃
5W/20	−25～20
10W/20	−20～30
10W/40	−20～40
15W/30	−15～30
15W/40	−15～40
20W/30	−10～30
20W/40	−10～40

（2）机油的换油周期。合理使用润滑油的关键是正确选择换油周期。换油周期的标准是《用户手册》中规定的行使里程。换油周期过长，会增加发动机的磨损；换油周期过短，会造成润滑油的浪费。在实际使用中，由于使用环境、条件不同，换油周期也会与《用户手册》中规定的有所差异。所以换油周期不是一成不变的，应以《用户手册》规定的换油周期为基准，结合实际条件来确定。

（3）机油和机油滤清器的更换步骤。

① 打开发动机机油加注口盖。

② 清洁机油放油螺塞处。选用套筒扳手将放油螺塞拧松，用手缓慢将放油螺塞旋出来。当目视螺纹处开始有机油渗漏、螺纹有松旷感觉时，用手轻轻压住螺栓，迅速旋转并移开螺栓，开始排放机油。

③ 机油全部排净后，清洁并检查放油螺塞，如有损坏则更换密封垫圈和放油螺塞。先用手扭紧，最后使用扭力扳手按规定扭矩紧固发动机油底壳放油螺塞。

④ 清洁放油螺塞处的油污。

⑤ 拆卸机油滤清器。把机油收集器移到机油滤清器正下方，选用机油滤清器专用工具拧松机油滤清器。松动后取下专用工具及棘轮扳手，然后用手将机油滤清器旋出来，放置在专用的环保桶里。

⑥ 安装机油滤清器。用干净的布清洁机油滤清器底座上的油污。取来同一型号新的机油滤清器，并在新机油滤清器的密封圈上涂抹一层干净的发动机机油。紧固机油滤清器，选用扭力扳手和机油滤清器专用工具以规定力矩紧固机油滤清器。

⑦ 选用干净的布清洁机油滤清器安装位置处的油污。

⑧ 添加发动机机油。选择合适的黏度及等级的机油，按照该车型发动机油标准加注量进行加注。机油加注完成后，旋紧机油加注口盖。

⑨ 检查机油是否泄漏。起动发动机暖机，让发动机在怠速、中速、高速运转一段时间，水温上升至正常温度后，将发动机熄火。目视检查油底壳放油螺塞处及机油滤清器与底座结合处有无渗漏，然后使用干净的布再检查油底壳放油螺塞处、机油滤清器与底座结合处有无机油泄漏。

⑩ 起动发动机进行暖机。暖机熄火后等待 5min，检查发动机机油液位。

（4）润滑油使用注意事项。使用机油一定要注意人们的身心健康，不污染环境，不影响人们的生活。机油接触人的皮肤，如不及时清洗干净，轻者可能引起皮炎，重者可能导致皮疹或皮瘤。机油误入口内或吸入人体内，轻者发生肠胃病或肺炎，重者可能导致癌症。所以不要将机油弄到食品上，更不要误入呼吸道内，也不要弄的满身是油或满地是油，这不但造成浪费，而且有碍个人健康。

因为机油有毒性，所以不能将废机油随便倒掉，污染环境。换出的已变质的旧机油，只能作为废油处理，而且废油应妥善处理，以免造成环境污染。废油应收集起来统一处理，盛装机油的油桶或瓶子不得乱丢，也要统一妥善处理，以免造成环境污染。用后的废机油，尤其是含添加剂较多的机油难以再生利用，但一般可以作为燃油烧。

三、空调系统检查

1. 空调制冷剂量检查

打开发动机舱盖，通过空调管路上的观察窗观察制冷剂的流量，并检查制冷剂的量。如图 5-6 所示，A 图中观察窗有少量气泡一闪而过时，表示制冷剂量正常。B 图中有大量气泡流过，说明制冷剂不足。C 图中没有气泡，说明无制冷剂或制冷剂过多。

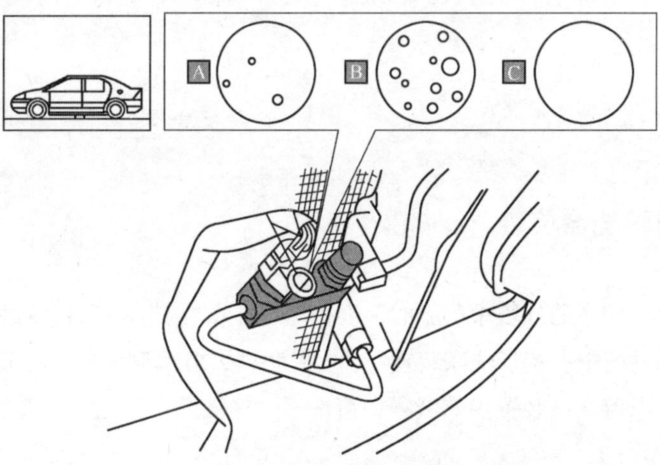

图5-6　空调制冷剂量检查

2. 空调制冷效果检查

（1）打开仪表盘操作面板上的空调 A/C 开关，调整冷热后应该能够在一定时间内吹出冷/热风。

（2）空调出风口可以顺利关闭、开启或转向指定角度，带风口开度调节的应该同时测试开度。

（3）调整风的循环模式，如内外循环、除霜模式、出风模式等，应该立刻给予响应，各风口的风量应相应作出变更。

（4）出风口不应该吹出过多污物和异味，且在风量不是很大时，不应该有明显的风声。

（5）对于自动空调，可以感觉一下温控功能是否准确，空调显示屏是否正确显示。

四、空气滤清器检查

1. 空气滤清器的作用

空气滤清器安装于进气歧管和节气门体的前方，如图 5-7 所示。其作用是清除灰尘、砂土等，来清洁进入发动机的空气。如果滤清器滤芯被堵塞，则会导致进入到发动机的空气变少，近而发动机的输出功率将降低，燃油经济性会变差。

2. 空气滤清器的检查

车辆 5 000km 维护，一般不需更换空气滤清器，只需将其拆下，进行检查和清洁即可。如图 5-8 所示，将空气滤清器滤芯拆下，检查前用气枪从空气滤清器滤芯的发动机侧吹入压缩空气，以便清除滤芯上的灰尘，同时清除空气滤清器盖内的污物。安装时检查空气滤清器滤芯上的橡胶密封是否良好并且确保其没有裂纹或者其他损坏。

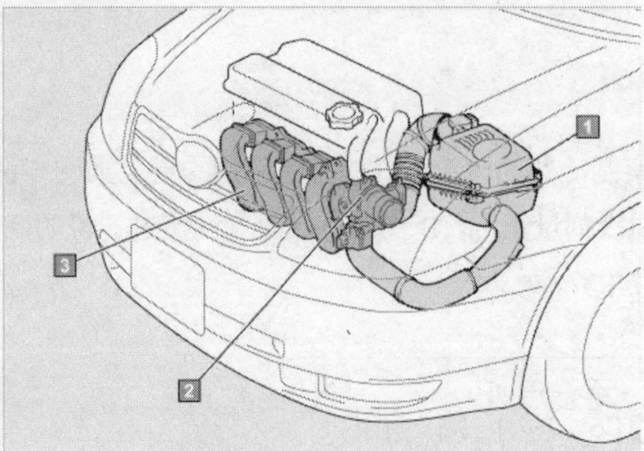

图5-7 空气滤清器

1—空气滤清器；2—节气门体；3—进气歧管

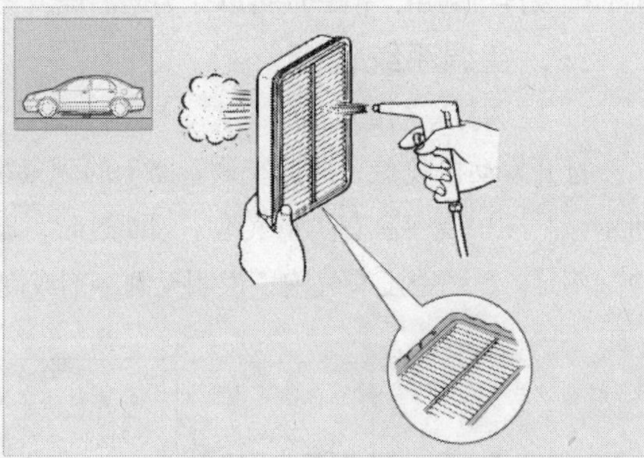

图5-8 空气滤清器的清洁

五、挡风玻璃喷洗器检查

1. 洗涤装置作用

汽车在风沙或尘土较多的环境中行驶时，会由于灰尘落在挡风玻璃上而影响驾驶员的视线。因此许多汽车的刮水系统中安装了洗涤装置，必要时向挡风玻璃喷水或清洗液，在雨刮的配合下，保持挡风玻璃洁净。风窗洗涤装置由储液罐、清洗泵、输液管、三通、喷嘴、清洗开关等组成，如图 5-9 所示。

2. 挡风玻璃喷洗器（清洗泵）的检查

挡风玻璃喷洗器又叫清洗泵，其检查步骤如下。

（1）打开发动机舱盖，检查玻璃水液位，确认液位合格。

（2）起动发动机，检查挡风玻璃喷洗器喷洒压力是否足够。

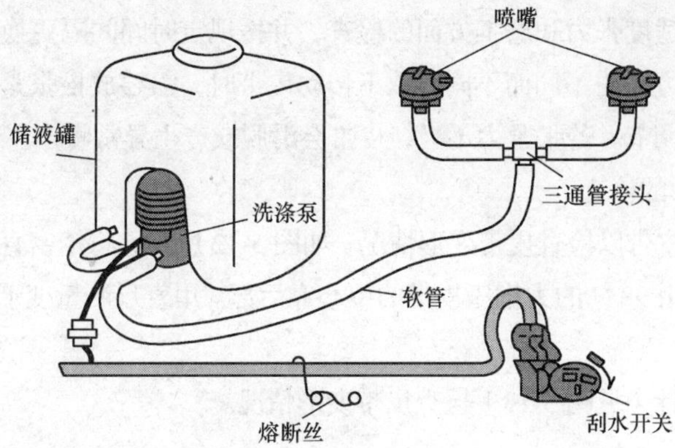

图5-9　洗涤装置的组成

（3）检查喷洗喷洒区是否集中在刮水器工作范围内，如图 5-10 所示。

（4）若喷射位置不合适，可在喷嘴内插入一根与挡风玻璃喷洗器喷嘴的孔相匹配的钢丝，以便调整喷洒的方向。

3. 挡风玻璃刮水器检查

（1）为防止划破挡风玻璃，在使用刮水器前要喷洒喷洗液。

（2）打开刮水器开关，检查每一只刮水器在各挡位是否正常工作。

（3）刮水器的主要有挡位有：慢挡、快挡、间歇挡、低速间歇挡、雾功能挡等。

（4）检查当刮水器开关关闭时，刮水器是否自动停止在其初始位置。

（5）确认刮水器不会产生条纹式的刮水痕迹或刮水效果不好的情况。如果刮水器开启时无喷洗液喷出，则马达有可能被烧坏。

六、皮带检查

1. 传动皮带的作用与影响

传动皮带一般位于发动机的前端。利用传动皮带，可把发动机曲轴与发电机、水泵、空气压缩机、转向助力泵等发动机附件联系在一起，以驱动这些附件运转，如图 5-11 所示。

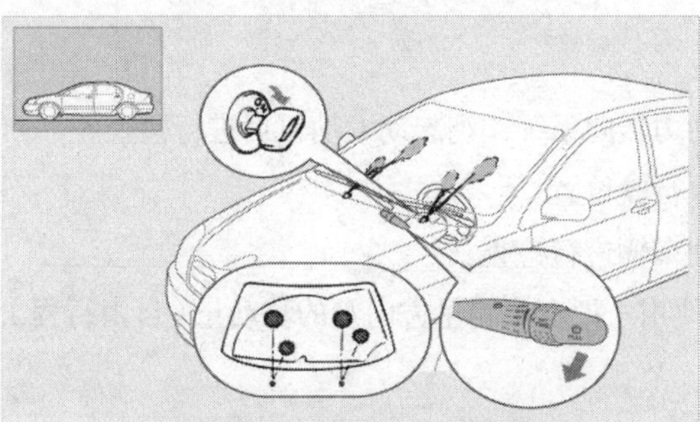
图5-10　检查喷洗喷洒区位置

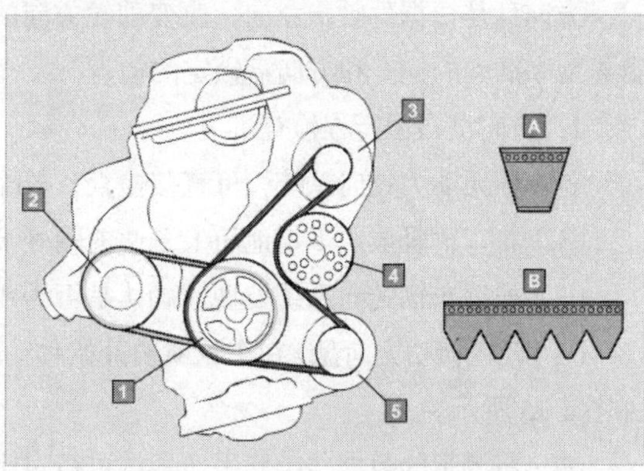

图5-11　传动皮带

1—曲轴皮带轮；2—动力转向泵皮带轮；3—发电机皮带轮；4—水泵皮带轮；5—空调压缩机皮带轮

传动皮带必须进行适度张力和磨损方面的检查，并按规定时间间隔更换。传动皮带更换的工作程序因皮带张紧力调节方法的不同而不同。取下传动皮带时，需要放松张紧力；而安装了传动皮带后，需要对张紧力进行调节。若张紧力不当，皮带会滑脱或产生异常噪声。

2. 传动皮带张紧力的检查

（1）用手指压传动皮带以检查皮带变形情况。如图 5-12 所示，将精密直规倚放在发电机和曲轴皮带轮之间的皮带上。用 98 N 的力推压皮带的中心靠后部。用直尺测量变形量，与维修手册标准值进行比较。

（2）用皮带张紧力计（见图 5-13）检查皮带变形情况。

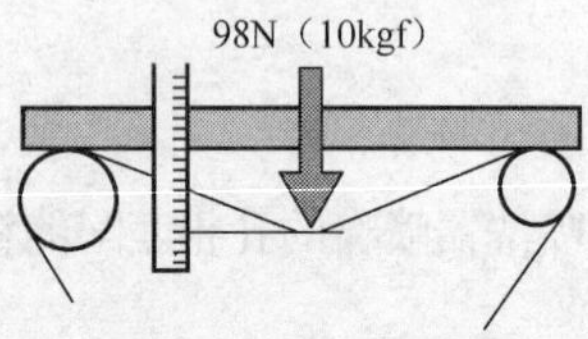

图5-12 手指压传动皮带以检查皮带变形

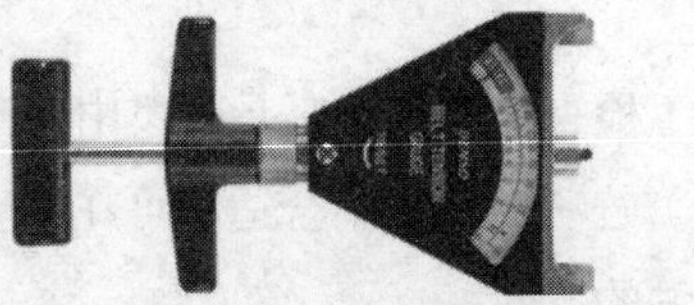
图5-13 皮带张力计

① 旋转重置杠杆以重置针阀。

② 夹紧皮带上的把手、手柄和卡钩，确认皮带牢固地系在卡钩上，确认测量表与皮带垂直。

③ 当把手松开后，卡钩用收缩性弹簧力拉动皮带，弹簧力使指针指示张紧力的大小。根据发动机的不同，测量值也不同，请参考维修手册。

3. 皮带损伤、安装状况的检查

检查传动皮带的整个外围是否有磨损、裂纹、层离或者其他损坏。检查皮带，确保其正确地安装在皮带轮槽内。

七、方向盘检查

汽车转向系是汽车底盘的重要组成部分，由方向盘、转向器、转向柱管等部件组成，如图 5-14 所示。其功用是改变和保持汽车的行驶方向。

方向盘是根据驾驶员意向，改变前轮方向的零件。其维护项目包含对方向盘空程的检查、方向盘松弛和摆动的检查和方向盘锁定的检查。

1. 方向盘自由行程检查

若车辆无动力转向系统，可直接检查；若配备动力转向系统，则起动发动机后进行检查。

（1）将车辆轻放在平坦地面上，使前轮处于直线行驶位置。

（2）根据车辆转向系统类型，确认是否需要起动车辆进行检查。

（3）轻轻移动方向盘，在车轮就要开始移动时，使用一把直尺测量方向盘的移动量（自由行程），如图 5-15 所示。

（4）将测量的数据与维修手册数据进行对比。若超出规定值，则需进行维修调整。

2. 方向盘松弛和摆动检查

用两手握住方向盘，轴向地、垂直地或者向两侧移动方向盘，确保其没有松动或者摆动，如图 5-15

所示。若待检车辆配备倾斜转向或者伸缩转向系统，则在方向盘整个移动范围内检查松动情况。

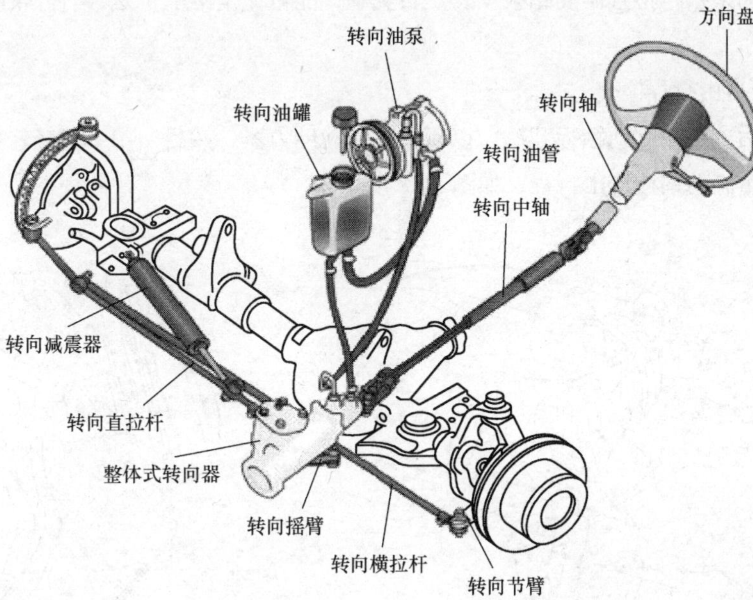

图5-14　转向系组成

3. 方向盘是否锁定检查

将点火开关转动到 ACC，确认方向盘不锁定，并可自由移动。

八、制动踏板检查

汽车制动系是汽车底盘的重要组成部分，由制动踏板、制动器、制动力调节装置等部件组成。其功用是根据需要使汽车减速或在最短的距离内停车，在下坡时保持车速稳定，以保证行车的安全。制动系统的结构如图 5-16 所示。

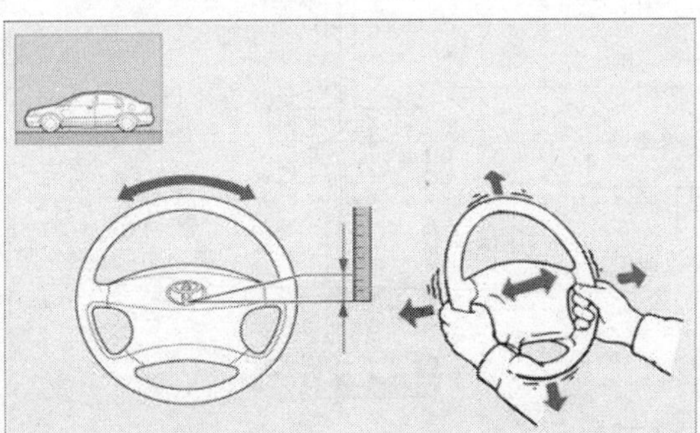

图5-15　转向盘自由行程和松弛摆动检查

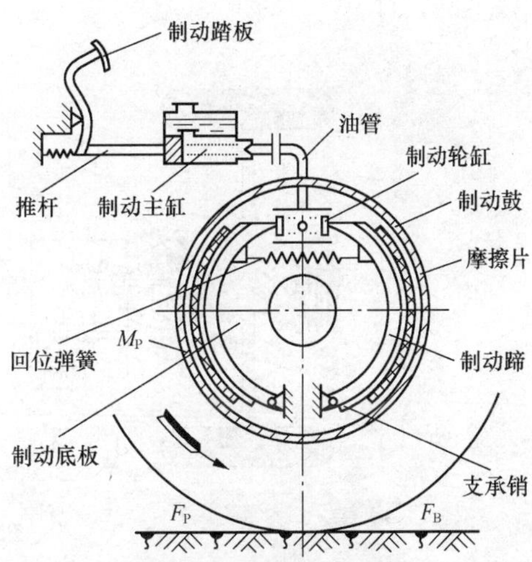

图5-16　制动系的结构

制动踏板是汽车制动操纵部分的部件，其维护检查的主要内容有以下几方面。

1. 制动踏板工作状况检查

反复踩踏制动踏板，检查制动踏板反映是否灵敏，能否完全落下，是否有异常噪声，是否过度松动（见图 5-17）。

2. 制动踏板自由行程检查

发动机停止后，踩下制动踏板几次，以便解除制动助力器。然后，用手指轻轻按压制动踏板，并用一把直尺测量制动踏板自由行程，如图 5-18 所示。

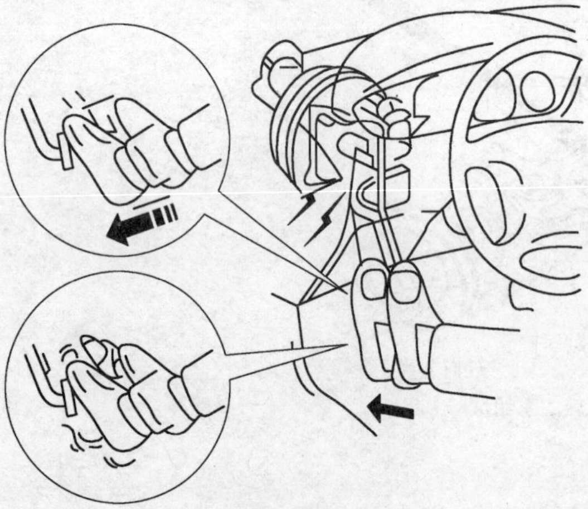

图5-17　制动踏板检查

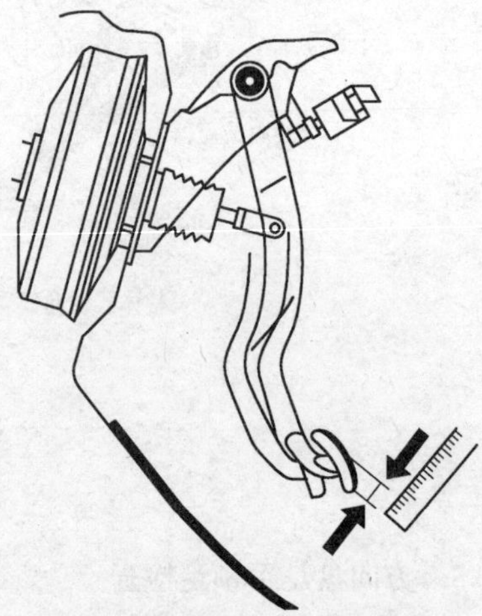

图5-18　制动踏板自由行程检查

九、离合器踏板检查

对于装备手动变速箱的车辆，应该对离合器进行定期检查。离合器是汽车传动系的零部件之一。除了离合器，汽车传动系还包括变速器、传动轴、差速器、主减速器等部件。普通汽车前置后驱传动系的布置组成形式如图 5-19 所示。

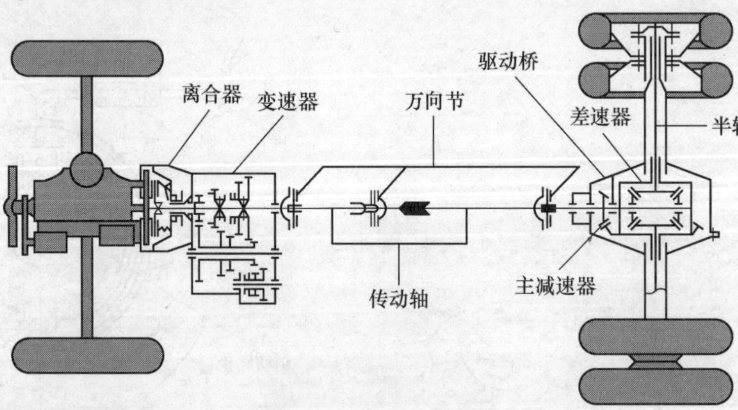

图5-19　汽车传动系

离合器作为汽车传动系的部件，其主要功用有保证汽车平稳起步，保证换挡平顺，防止传动系过载等。离合器踏板是离合器操纵部分的部件，其维护检查的主要内容有以下几方面。

1. 离合器踏板工作状况检查

踩下离合器踏板时，检查是否存在踏板的回弹无力、有异常噪声、过度松动或感觉踏板重等现象。

2. 离合器踏板自由行程检查

踏板自由行程的检查如图 5-20 所示。用一个直尺抵在驾驶室地板上，先测量踏板完全放松时的高度，再用手轻按踏板，当感到阻力增大时再测量踏板高度。两次测量的高度差即为踏板的自由行程。

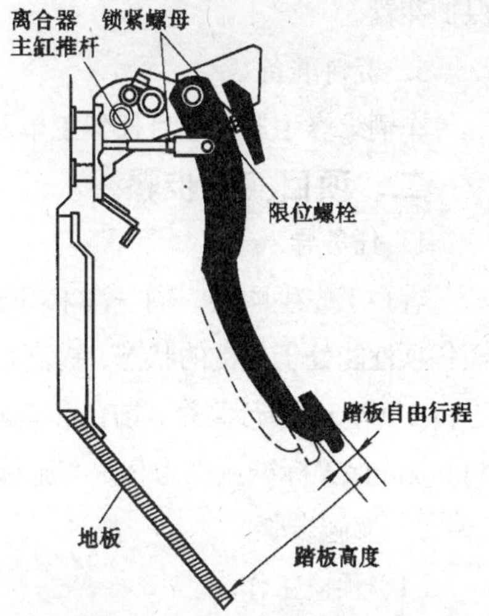

图5-20　离合器踏板自由行程检查

十、驻车制动器检查

驻车制动器是机动车安装的手动刹车，简称手刹。在车辆停稳后用于稳定车辆，避免车辆在斜坡路面停车时由于溜车造成事故。常见的手刹一般置于驾驶员右手下垂位置，便于使用。对驻车制动器的维护检查项目主要有以下几个方面。

1. 驻车制动杆行程检查

检查并确保驻车制动杆拉动时，驻车制动杆行程在预定的槽数内（拉动时可以听到卡嗒声）。如果不符合标准，调整驻车杆的行程。当驻车制动杆行程超出规定值，则调整后制动蹄片与驻车制动蹄片的间隙，然后重复检查。必要时重复这个过程，然后调整驻车制动杆行程。

2. 驻车指示灯的工作情况检查

点火开关位于 ON 时，操作驻车制动杆，在拉动杆到达第一个槽口前，指示灯就已经发光，如图 5-21 所示。

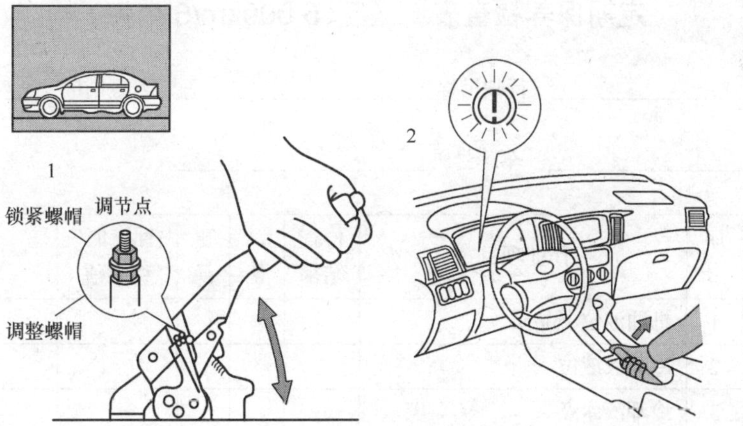

图5-21　驻车制动器检查

项目实施

一、项目实施环境

1. 车辆准备

各种类型的待维护车辆。

2. 工具设备准备

常用维护工具、轮胎气压表、机油滤清器扳手、冰点仪、高率放电计、皮带张力计、举升机和保护装置 。

3. 资料准备

车辆维修手册、项目任务工单及其他相关资料。

二、项目实施步骤

1. 任务导入

客户王先生购买一辆一汽丰田卡罗拉轿车。厂家建议车辆每 5 000km 进行例行保养，以确保车辆各项性能处于优良的状态，提高行车安全性，延长车辆使用寿命。现在，客户来 4S 店要求为该车进行 5 000km 例行保养。前台和车间主任将该保养任务分配给你，作为车间维修技术员，请你按照 5 000km 保养标准流程为客户实施保养。

2. 实施步骤

（1）预检工作。

① 安装座椅套、地毯垫、方向盘罩，打开发动机盖。

② 打开发动机盖，放上翼子板布、前格栅布，安装尾排，用车轮挡块挡住车轮。

（2）车辆 5 000km 维护。按照表 5-2 所示的 5 000km 保养标准流程为客户实施保养。实施过程注意人员和设备安全。由于车辆型号不尽相同，所以部分项目可根据实际车型加以调整。

表 5-2　　5 000km 定期保养检查表

定期保养检查表　（5 000km/6 个月）

施工单号＿＿＿＿＿＿　行驶里程＿＿＿＿＿＿　入场时间＿＿＿＿＿＿

VIN＿＿＿＿＿＿　车牌号码＿＿＿＿＿＿

车辆举升位置	步骤	序号	作业项目	检查结果	调整	更换	标准值/极限值	测量值
完全落下	发动机室	1	机油油位、品质					
		2	冷却液液位					
		3	冷却液冰点					
		4	玻璃水液位					
		5	刹车油液位、品质					
		6	转向助力油液位、品质					
		7	ATF 油液位、品质					
		8	蓄电池电解液液位					
		9	蓄电池安装状况					

续表

车辆举升位置	步骤	序号	作业项目	检查结果	调整	更换	标准值/极限值	测量值
完全落下	发动机室	10	空调制冷剂量					
		11	空气滤清器检查					
		12	皮带预紧力					
		13	皮带损伤					
	驾驶室	1	大灯操作及点亮					
		2	小灯操作及点亮					
		3	转向灯操作及点亮					
		4	危险警报灯操作及点亮					
		5	雾灯操作及点亮					
		6	仪表警告灯点亮及熄灭					
		7	尾灯刹车灯操作及点亮					
		8	室内灯外观及点亮					
		9	玻璃喷洗器状态					
		10	雨刮状态					
		11	喇叭状态					
		12	方向盘自由行程					
		13	方向盘操作					
		14	方向盘锁止					
		15	制动踏板状态					
		16	制动踏板自由行程					
		17	离合器踏板状态					
		18	离合器踏板自由行程					
		19	油门踏板状态					
		20	手刹工作状态					
		21	手刹指示灯					
		22	怠速状况					
		23	排气声音					
		24	空调制冷效果					
		25	空气制暖效果					
	车辆外部	1	发动机盖					
		2	挡风玻璃					
		3	雨刮片					
		4	车灯外观					

续表

车辆举升位置	步骤	序号	作业项目	检查结果	调整	更换	标准值/极限值	测量值
完全落下	车辆外部	5	后视镜					
		6	车窗玻璃					
		7	安全带					
		8	儿童锁					
		9	车门					
		10	油箱盖					
		11	行李箱盖					
		12	备胎检查					
		13	确认轮胎螺母紧固					
举升至中位	车辆周围区域	1	调整胎压					
		2	轮毂轴承					
		3	左前轮胎轮辋损伤					
		4	左后轮胎轮辋损伤					
		5	右前轮胎轮辋损伤					
		6	右后轮胎轮辋损伤					
举升至高位	车辆底部	1	排放机油					
		2	更换机滤					
		3	车辆底部油液泄漏检查					
		4	车辆底部零件安装紧固情况					
		5	车辆底部损伤和生锈情况					
完全落下	发动机室等	1	加注机油					
		2	拧紧机油加注口盖					
		3	再次确认仪表板警告灯状态					
		4	对车辆、工具等实施5S					
备注				操作技师：				
				检查员：				
				建议下次保养里程：				
				建议下次保养日期：				

知识拓展

如何延长蓄电池的使用寿命

一、蓄电池简介

车辆的电瓶，又称为蓄电池，是一个将化学能转化成电能的设备。它的作用是供给发动机用电。当车辆准备发动时，蓄电池会放电，给起动机提供电力，并由起动机带动飞轮、曲轴转动，从而发动车辆。在发动机供电不足或者未起动时蓄电池为车内电器如音响系统、照明系统等提供电力，当发动机开始正常供电之后，蓄电池则会收集并储存电能，以备日后使用。

汽车用蓄电池大致可分为：免维护和普通蓄电池（非免维护）两类。目前市场上销售的大部分车型都采用了免维护蓄电池，而多数日系车，甚至包括雷克萨斯和英菲尼迪等高档日系车也都采用非免维护蓄电池，也就是普通蓄电池。

普通蓄电池又称为铅酸蓄电池，它的电极是由铅和铅的氧化物构成，电解液是硫酸的水溶液。主要优点是电压稳定、价格便宜，缺点是比能（即每公斤蓄电池存储的电能）低、使用寿命短和日常维护频繁。老式普通蓄电池一般寿命在 2 年左右，而且需定期检查电解液的高度，并添加蒸馏水。不过随着科技的发展，目前普通蓄电池的寿命变得更长，而且维护也更简单了。

免维护蓄电池，顾名思义最大的特点就是“免维护”。和普通蓄电池相比，它的电解液消耗量非常小，在使用寿命内基本不需要补充蒸馏水。它还具有耐震、耐高温、体积小和自放电小的特点。当然相对的，它的售价也会比普通蓄电池更贵。至于使用寿命，正常情况下免维护蓄电池的建议更换周期为 3 年左右，与普通蓄电池相当。

普通蓄电池最明显的特征是其顶部有 6 个可拧开的塑料密封盖，上面还有通气孔。这些密封盖是用来加注、检查电解液和排放气体用的。理论上说，采用普通蓄电池需要在每次保养时检查电解液的高度，如果有缺少需添加蒸馏水。但随着蓄电池制造技术的升级，普通蓄电池的维护也不再复杂。正常使用 2～3 年，普通蓄电池都无需添加电解液或蒸馏水。也就是说，对于一般车主而言，如果你对普通蓄电池不加以特殊维护，它也能正常工作 2～3 年，寿命基本也不输免维护蓄电池了。

二、影响蓄电池寿命的三大不良习惯

1. 熄火状态下长时间使用车内电器设备

这是广大车主在日常用车中最常遇到，也是比较容易忽略的问题。例如，坐在车内等人，为了省油，不少驾驶者都会选择关掉发动机然后坐在车内用音响听广播或者看 DVD 等，这样做省油的目的是达到了，但是却会深深伤害你的蓄电池。正确使用方法是在熄火状态下连续听广播尽量不超过 30 分钟，同时不建议大家在熄火状态下使用车载 DVD 等设备。

2. 熄火状态下使用外接电源设备

外接电源设备诸如车用吸尘机、便携式充气泵等，切忌不要在车辆熄火状态下使用。由于这些设备的功率都比较大，在熄火状态下长时间使用很容易耗完蓄电池内的存电，从而影响你车辆的正常起动。此外，类似这样的“快速耗电”，对蓄电池本身也有不小的伤害。

3. 停车后忘记关灯

停车后忘记关灯分两类：一类是夜间停车忘记关闭车辆的“大灯”，这样一晚上下来你车的蓄电池一定“趴窝”，第二天只能找人泵电了。另一类则比较容易发生在晚间停车等人的时候，为了省油绝大部分车主都会选择熄火，但此时千万不要忘记把大灯调整到“示宽灯”模式。这样，不但可以保护蓄电池，而且还能起到警示所用，并且车内正常照明不受影响。

上面提到的这三类情况对蓄电池的伤害非常大。虽然在短期内可能看不出什么问题，蓄电池亏电后找个车“搭电”就能正常起动了。但长此以往会大大缩短蓄电池的使用寿命，与省下的那点油钱相比得不偿失。

课后自测

一、填空题

（1）发动机的润滑方式有__________、__________和定期润滑 3 种。

（2）机油滤清器按过滤能力分为__________、粗滤器、细滤器。

（3）API 发动机机油质量分类体系有 2 种，即“S”系列机油（________机油）和“C”系列机油（________机油）质量等级。

（4）目前市场上级别最高的汽油机油是________牌号。

（5）传动皮带张紧力的检查有________________和________________2 种方法。

二、简答题

（1）车辆维护前的预检工作主要有哪些内容?

（2）润滑系的作用有哪些?

（3）简述润滑系中旁通阀的作用。

（4）简述机油机滤的更换步骤。

（5）如何通过空调系统的观察窗判断制冷剂的量?

（6）制动踏板自由行程如何检查?

Chapter 6

项目六

车辆 20 000km 维护

任务描述

客户王先生购买一辆一汽丰田卡罗拉轿车，车辆行驶里程 19 700km。为确保车辆各项性能处于优良的状态，提高行车安全性，延长车辆使用寿命，按照厂家建议每行驶 20 000km 需进行定期保养。该例行保养由汽车维修车间维修技术员负责实施，在车辆 5 000km 保养的基础上进行。主要保养内容为更换机油机滤、更换空气滤以及常规检查项目。

本项目以客户王先生卡罗拉轿车 20 000km 保养这个实际工作任务为载体，详细介绍车辆 20 000km 保养的内容、流程、作业方法和技术标准。保养中一些常规检查在前面项目的相关知识中已经介绍，已经讲过的知识点本项目将不再赘述。项目实施环节以汽车 4S 店 20 000km 保养实际作业工单为引导，强化实际维护技能训练，使理论知识、技能训练与实际工作任务实现零距离接轨。

能力目标

（1）能正确执行操作规范和安全规章，在生产过程中贯彻 5S 理念。

（2）能独立完成工作计划要求的 20 000km 维护作业项目。

（3）能正确填写车辆 20 000km 维护作业工单。

（4）能查阅维修手册、专业网站等资源解决实际问题。

相关知识

一、蓄电池维护

1. 蓄电池的作用

蓄电池是一种可逆直流电源。它是汽车上的两个电源之一，在汽车上与发电机并联，共同向用电设备供电。在发动机正常工作时，用电设备所需的电能主要由发电机供给，蓄电池的作用主要体现在以下几方面。

（1）在发动机起动时，向起动机和点火系统供电。

（2）在发电机不发电或电压较低的情况下，为用电设备供电。

（3）当发电机超载时，协助发电机供电。

（4）蓄电池存电不足而发电机负载又较少时，它可将发电机的电能转变为化学能储存起来（即充电）。

（5）蓄电池相当于一个大容量电容器。在发电机转速和负载发生比较大的变化时，它能够保持汽车电气系统电压的相对稳定。同时，还可吸收发电机产生的瞬间过电压，保护汽车电子元件不被损坏。所以，发电机不允许脱开蓄电池运转。

汽车上所使用的蓄电池主要是为了满足起动发动机的需要。所以，通常称之为起动型蓄电池。起动型蓄电池在短时间内可提供强大的起动电流（一般为 200～600A，最大可达 1 000A）。根据电解液的不同，蓄电池有酸性蓄电池和碱性蓄电池之分。铅酸蓄电池结构简单，起动性能好，价格低廉，所以在汽车上被广泛采用。

2. 铅酸蓄电池的构造

铅酸蓄电池是在盛有稀硫酸的容器内插入两组极板而构成的电能存储器。它由正极板、负极板、隔板、电池盖、电解液、加液孔盖和电池外壳组成，如图 6-1 所示。目前汽车上常用的蓄电池有普通蓄电池和免维护蓄电池。

普通蓄电池的主要优点是电压稳定，价格便宜；缺点是比能（即每公斤蓄电池存储的电能）低，使用寿命短，日常维护频繁。老式普通蓄电池一般寿命在 2 年左右，而且需定期检查电解液的高度并添加蒸馏水。随着科技的发展，目前普通蓄电池的寿命变得更长而且维护也更简单了。

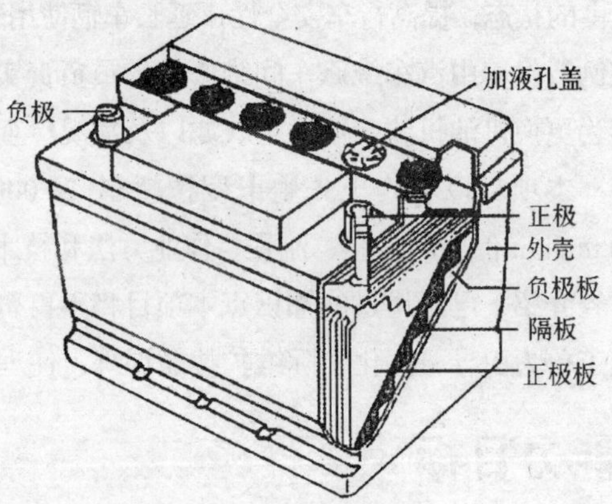

图6-1　蓄电池构造

免维护蓄电池，顾名思义最大的特点就是“免维护”。和普通电池相比，它的电解液的消耗量非常小，在使用寿命内基本不需要补充蒸馏水。它还具有耐震、耐高温、体积小、自放电小的特点。当然相对的，它的售价也会比铅酸蓄电池更贵。正常情况下免维护蓄电池的建议更换周期为 3 年左右。

3. 蓄电池的检查

（1）蓄电池电解液液位检查。

① 检查蓄电池各个单元的液位是否处于上线和下线之间。

② 如果很难确定电解液液位，则通过轻轻摇晃汽车检查。

③ 可以通过拆卸一个通风孔塞并从该开口中查看电解液液位。

④ 若液位不足需要加水时，使用蒸馏水。

⑤ 某些类型的蓄电池可以通过蓄电池指示器查看液位和蓄电池状况，如图 6-2 所示。

（2）蓄电池电解液密度检查。

使用一个液体密度计检查蓄电池电解液在温度为 20℃时，所有单格的密度是否为 1.250～1.280g/cm³，并且确认蓄电池单格之间的密度偏差是否低于 0.025g/cm³，如图 6-3 所示。

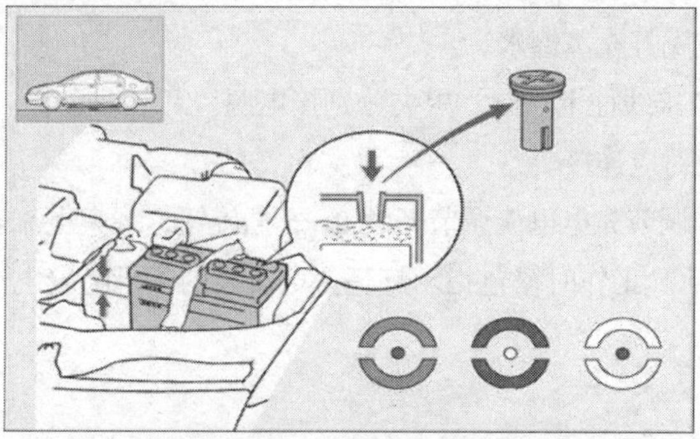

图6-2　蓄电池电解液液位和电量检查

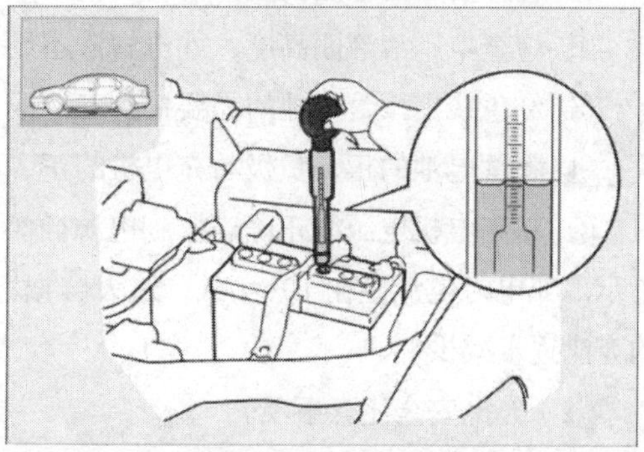

图6-3　蓄电池电解液密度检查

如果测量时蓄电池电解液温度不是 20℃，则将该温度下的密度换算成 20℃温度下的密度，然后进行分析判断。

$$\rho_{25℃} = \rho_t + \beta(t - 25)$$

式中，$\rho_{25℃}$——25° C 时电解液的密度；

ρ_t——实测的电解液密度；

t——测量时电解液温度；

β——密度系数，$\beta = 0.000\,75$。

（3）蓄电池电量检查。蓄电池电量的检查可用高率放电计测量放电电压，测量方法如图 6-4 所示。

① 将放电计的两触针紧压在蓄电池的正、负极桩上。

② 每次测量时间不超过 5s，观察放电计的电压，记录电压值。

③ 观察放电计指针移动情况。指针在绿色区域说明蓄电池电足够；如指针在红色区域，说明蓄电池需充电或已损坏。

图6-4　高率放电极测蓄电池电量

1—蓄电池；2—高率放电计

（4）蓄电池壳体损坏度检查。检查蓄电池壳体是否有裂纹或者渗漏。

（5）蓄电池端子腐蚀和松动检查。检查蓄电池端子是否腐蚀和松动。

（6）蓄电池通风孔塞检查。检查蓄电池的通风孔塞是否损坏或者通风孔是否阻塞。

（7）发动机机舱内泄漏的检查。检查发动机舱内有无冷却液、润滑油、制动液、电解液及制冷剂等的泄漏现象。

4. 蓄电池的充电

（1）充电步骤。

① 打开蓄电池加液孔盖。

② 检查电解液液面高度，如电解液不足，应先补充蒸馏水。

③ 红色线夹按蓄电池的需要接到 12V 或 24V 接线柱上。红、黑夹分别接电源“+”、“−”极。

④ 将蓄电池的正、负极与充电机的正、负极对应连接。

⑤ 将充电机电源线正确连接到电源插座上。调节充电电流调节开关 0～6 挡旋钮，观察电流表指示。充电时电流应在 10～15A，过大会损坏电池。工作时绿色指示灯亮，电流表的指示随着电池的充满逐步减少。

（2）充电安全注意事项。

① 在蓄电池充电室内不能有明火和火花，不得吸烟，室内禁止存放精密仪器。

② 在充电过程中应随时测量电解液温度。若温度超过 40℃，应停止充电或者减小充电电流，直到温度降低到 40℃以下。

③ 充电区应通风（排除氢氧爆炸气体，防止爆炸危险）。

④ 正、负极不能接反。

5. 蓄电池的更换

（1）蓄电池的更换步骤。

拆卸蓄电池时：

① 拆卸蓄电池时，点火开关打到 OFF 挡。

② 先拆下蓄电池的搭铁线，再拆正极接线。

③ 拆下蓄电池压板，从支架中取出蓄电池。

安装蓄电池时：

① 将固定压板压在蓄电池底部凸缘上。

② 先将蓄电池正极接线接上，然后连接上搭铁线。

（2）蓄电池更换注意事项。对于现代汽车，蓄电池及连接线的拆装操作正确与否，将会直接影响汽车电控系统的工况，甚至使之受到损害。

① 盲目拆装造成 ECU 信息丢失。如果在读取故障码之前，拆下了蓄电池或蓄电池连接线（或者拔掉电源的熔丝），就相当于中断了 ECU 的电源，储存其内的故障代码便会自动消失。若再想获取故障信息及故障代码，就必须重复再现故障发生时的工作状况和环境条件（比如，特定条件下的发动机转速及负荷、发动机的某种冷却液温度、某种进气温度以及有关传感器的某种工况等）。显而易见，这是非常麻烦和费时的。因此，千万不可随意拆下蓄电池连接线。在维修电控汽车之前应先读取系统的故障代码，然后才能进行蓄电池的拆装和其他的维修作业。

② 点火开关接通时禁拆蓄电池。对电控汽车而言，无论汽车发动机是否正在运转，只要点火开

关在接通位置，就绝对不可以拆下蓄电池及连接线或者熔丝。因为突然断电将会使电路中的线圈产生自感电动势而出现很高的瞬时电压，有时高达近万伏，从而使 ECU 及相关传感器等微电子器件严重受损。

二、轮胎维护

1. 轮胎的作用

车轮与轮胎是汽车行驶系中的重要部件，其功用是：支承整车；缓和由路面传来的冲击力；通过轮胎同路面间存在的附着作用来产生驱动力和制动力；汽车转弯行驶时产生平衡离心力的侧抗力，在保证汽车正常转向行驶的同时，通过车轮产生的自动回正力矩，使汽车保持直线行驶方向；承担提高越障通过性的作用等。

2. 轮胎的分类

按轮胎内空气压力的大小，轮胎可分为高压胎、低压胎和超低压胎 3 种。一般气压为 0.5～0.7 MPa 时，为高压胎；0.15～0.45 MPA 时，为低压胎；0.15MPa 以下时，为超低压胎。

轮胎按有无内胎，可分为有内胎轮胎和无内胎轮胎（即真空胎）两种。目前，轿车上普遍采用真空胎。

轮胎按胎体帘布层结构不同，可分为斜交胎和子午线轮胎。目前子午线轮胎在汽车上广泛应用。

轮胎按照胎面花纹，可以分为普通花纹轮胎、越野花纹轮胎和混合花纹轮胎 3 种。

3. 轮胎的正确使用

轮胎在汽车各部件中的地位十分重要，它对汽车行驶性能影响很大。轮胎的使用寿命直接影响运输经济效益。

（1）限制行车速度。提高车辆行驶速度，特别是经常处于快速行驶时，轮胎的使用寿命会显著降低。因为车辆快速行驶时，轮胎在单位时间内与地面的接触次数就越多，摩擦也越频繁，从而使轮胎的变形频率增加，这时胎体周向和侧向产生的扭曲变形也随之加大。当速度达到临界速度时，胎冠表面的振动出现了波浪变形，形成静止波。这种静止波能在其产生几分钟后导致轮胎爆破。这是由于轮胎变形来不及复原所造成的滞后损失，而它的大小与负荷作用的时间有关。速度越快，时间越短，大部分的动能被吸收转变成热量，从而使轮胎温度升高，橡胶老化加速，帘线层的耐疲劳强度降低，轮胎因而早期脱空或爆破。因此，限制行车速度是非常重要的。

（2）根据道路情况行车。路面的种类及状况对轮胎使用寿命的影响很大，驾驶员应根据道路条件选择路面。适当的行车速度，对增加轮胎的行驶里程具有积极作用。

车辆在平整、宽敞且视野良好的道路上行驶，如高速公路、国道线和省道线等，可根据车辆本身的技术条件和轮胎的性能适当提高车速，但也不宜过高，否则影响行车安全，降低轮胎的使用寿命。在不平整的碎石路和矿区路上行驶，由于尖石裸露或路边石块锐利，极易损坏轮胎，应注意选择路面，并在较低车速下行车，以防止轮胎爆破损坏。

在冰雪路面上行驶，由于路面与车轮的摩擦系数较小，要注意防滑。若车轮打滑，应立即停车，试行倒退，另选路线前进；若倒退仍打滑，则应排除车前后和两旁的冰雪，或将后轮顶起，铺上石块、砖头、稻草，以便车辆通行。不要猛踏加速踏板，强行起步，以免轮胎越陷越深，原地空转，剧烈生热，防止轮胎胎面及胎侧严重刮伤、划伤，甚至剥离掉块。在转弯频繁的路面上或陡坡上行驶，轮胎受到部分拖曳，即使路面条件较好，也应当在较低车速下行驶，以减少轮胎磨耗，确保行车安全。

（3）掌握轮胎的温度变化。炎热天气行车，由于外界气温较高，轮胎积热散发困难。由于行车速度快、运距长、道路条件恶劣等原因，胎温急剧上升，胎内气压也随之增加，从而加速橡胶老化，降低帘线与橡胶的粘合力，致使帘布层脱空或爆破损坏。故炎热天气行车应注意控制轮胎的使用温度。

在酷热时行车，除应适当降低车速外，有条件的情况下可在早晚气温较低时行车，或车辆行驶一定距离后停车休息，防止胎温过高。严禁采用放气降压的做法。因放气后轮胎变形增大，会使胎温升高，最后也会因过热而使轮胎损坏。在气温低的季节，因为轮胎在使用时散热快，不容易产生高热，胎面较为耐磨。在气温低的季节，特别是严寒天气，车辆过夜或长时间停放后重新行驶时，为了提高轮胎温度，最好在起步后头几公里以低速驾驶为宜。由此可见，掌握轮胎行驶中温度变化是极重要的。

4. 轮胎的检查

（1）裂纹或者损坏检查。检查轮胎胎面和胎壁是否有裂纹、割痕或者其他损坏，如图 6-5 所示。

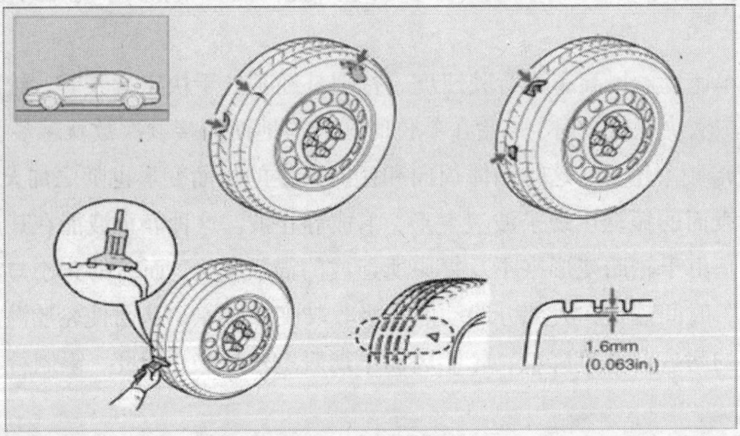

图6-5 轮胎检查

（2）嵌入金属微粒或者外物检查。检查轮胎的胎面和胎壁是否嵌入任何金属微粒、石子或者其他异物，如图 6-5 所示。

（3）胎面花纹深度检查。使用一个轮胎深度规测量轮胎的胎面深度，也可以通过观察与地面接触的轮胎表面的胎面磨耗指示标记轻易地检查胎面深度，如图 6-5 所示。

（4）异常磨损检查。检查轮胎的整个外围是否有不均匀磨损和阶段磨损，如图 6-6 所示。

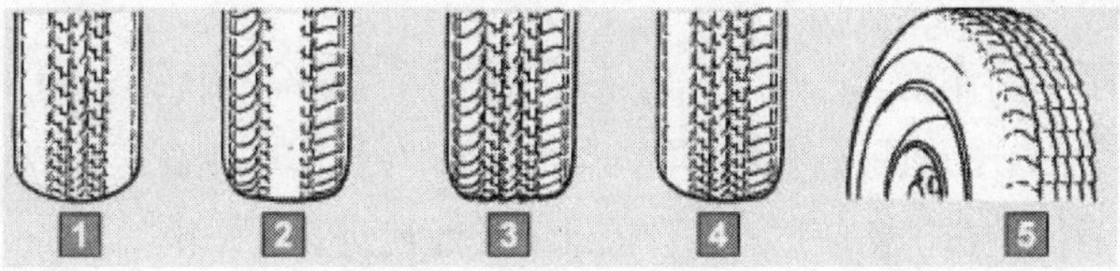

图6-6　轮胎的异常磨损

1—双肩磨损；2—中间磨损；3—薄边磨损；4—单肩磨损；5—跟部磨损

（5）轮胎气压检查。检查轮胎气压，如图 6-7 所示。

（6）漏气检查 。检查气压后，通过在气门周围涂肥皂水检查是否漏气，如图 6-7 所示。

（7）轮圈和轮盘损坏。检查轮圈和轮盘是否损坏、腐蚀、变形或跳动，如图 6-8 所示。

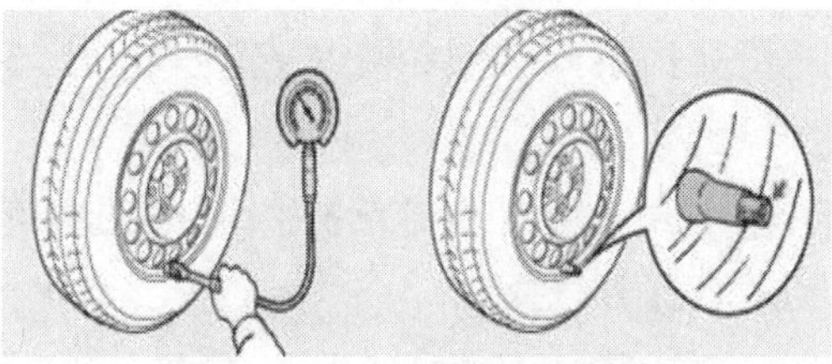

图6-7　轮胎气压和漏气检查

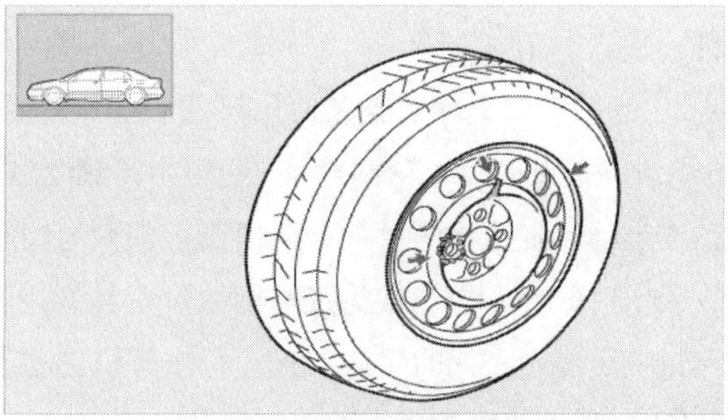

图6-8　钢圈和轮盘的检查

5. 轮胎换位

车辆经过一段时间的使用后，由于轮胎的安装位置和受力情况不同，磨损情况也不同。行驶一定的里程后，有必要将轮胎进行换位。建议每隔 10 000km 进行一次互换。

若 4 条轮胎新旧一样且花纹无方向，可采用交叉换位，即左前和右后互换，右前和左后互换的方法。若花纹有方向，可采用前后互换，即右前和右后互换，左前和左后互换的方法。若轮胎新旧不一，对于采用前轮驱动的车辆，建议将较新胎装前轮，较旧胎装后轮，左右互换。对于采用后轮驱动的车辆，建议将较新胎装后轮，较旧胎装前轮，左右互换。具体换位方法可参考图 6-9 和图 6-10 所示。

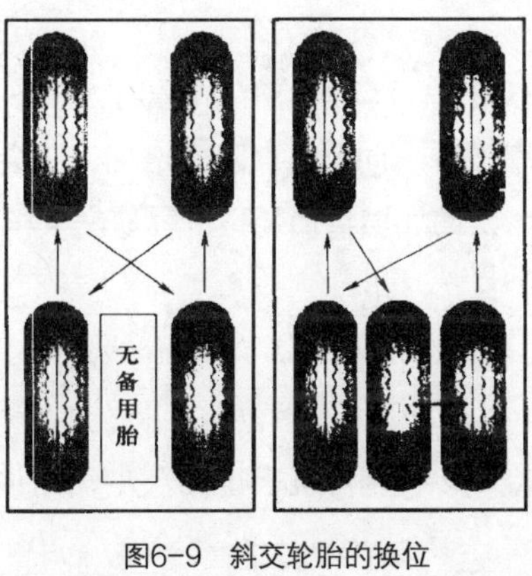

图6-9　斜交轮胎的换位

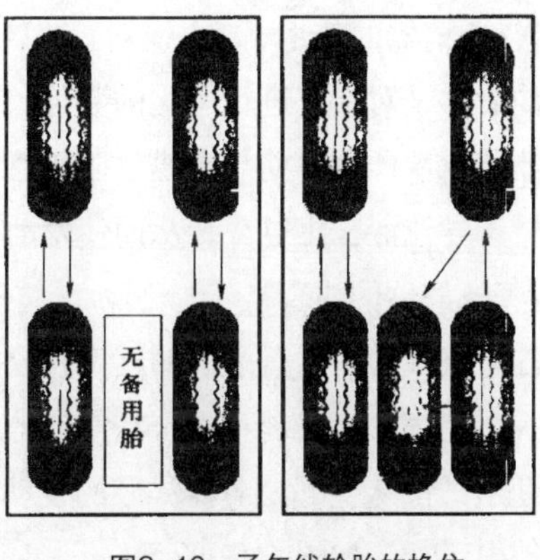

图6-10　子午线轮胎的换位

6. 轮胎的动平衡

（1）汽车车轮动平衡的作用。汽车的车轮是由轮胎、轮毂和平衡块组成的一个整体。由于制造的原因，使这个整体各部分的质量分布不可能非常均匀。当汽车车轮高速旋转起来后，就会形成动不平衡状态，影响车辆行驶和轮胎使用寿命，因此，轮胎应进行动平衡。

（2）动平衡机的工作流程。汽车车轮动平衡机的类型很多，但其原理大体一致，一般工作流程如下。

① 测试前的准备。检查并清除轮胎上灰尘、泥土、胎面是否夹有金属、石块等异物，检查轮胎气压是否符合规定值，检查轮辋定位面和安装孔有无变形，检查胎内有无异物，取下原有平衡块。

② 安装轮胎。车轮安装的夹紧方式有中心孔定位和螺栓孔定位两种，可根据实际情况任意选择一种。

③ 起动设备，输入轮胎使用尺寸。打开电源开关，检查指示与控制装置的面板是否指示正确。用卡尺测量轮辋宽度、轮辋直径（也可由胎侧读出），用平衡机上的标尺测量轮辋边缘至机箱距离，用键盘或选择器旋钮将测量数据直接输入指示与控制装置中。

④ 选择平衡方式。根据加平衡块位置及方式不同选择不同的平衡方式。连续按平衡方式选择键，显示窗内可显示不同的平衡方式。每次开机自动进入动态，无须作选择。

⑤ 轮胎动平衡检测。放下车轮防护罩，按下启动键，车轮旋转，平衡测试开始，微机自动采集数据。车轮自动停转或听到指示声音，按下停止键并操纵制动装置使车轮停转后，从指示装置读取车轮内、外不平衡量和不平衡位置。

⑥ 安装平衡块。抬起车轮防护罩，用手慢慢转动车轮。当指示装置发出指示（音响、指示灯亮、制动、显示点阵或显示检测数据等）时停止转动。在轮辋的内侧或外侧的上部（时钟12点位置）加装指示装置显示的该侧平衡块质量，内、外侧要分别进行加装，平衡块装卡要牢固。

安装平衡块后有可能产生新的不平衡，应重新进行平衡试验，直至不平衡量小于5g，指示装置显示“00”或“OK”时才符合要求。当不平衡量相差10g左右时，如能沿轮辋边缘左右移动平衡块一定角度，将可获得满意的效果。

三、空气滤清器维护

1. 空气滤清器的作用

空气滤清器是对空气进行净化的装置，它由壳体和滤芯组成。滤芯布置在壳体内，如图6-11所示。如果滤芯阻塞严重，将导致进气阻力增加，发动机功率下降，同时进气阻力增加，还会增加吸进的汽油量，导致混合比过浓，从而使发动机运转状态变坏，增加燃料消耗，也容易产生积炭。

2. 空气滤清器的检查

（1）拧下空气滤清器盖上部的固定螺栓。

（2）拆下空气滤清器盖夹子，将空气滤清器滤芯拆下。

（3）使用气枪从空气滤清器滤芯的发动机侧吹入压缩空气以便清除滤芯上的灰尘，同时清除空气滤清器盖内污物，如图6-12所示。

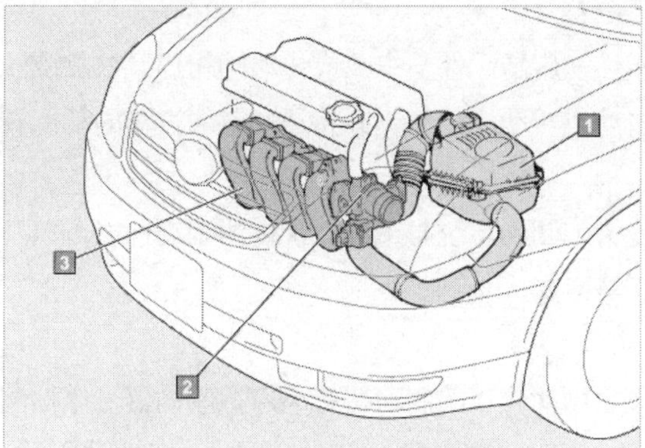

图6-11　空气滤清器

1—空气滤清器；2—节气门体；3—进气歧管

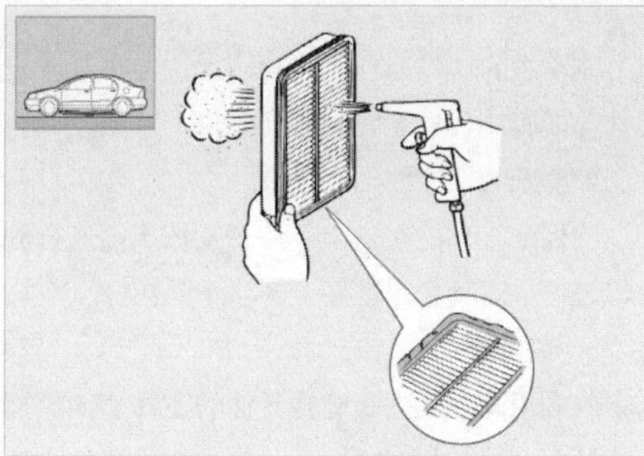

图6-12　空气滤清器的清洁

（4）检查空气滤清器滤芯上的橡胶密封是否良好，并且确保其没有裂纹或者其他损坏。

3. 空气滤清器的更换周期

由于难以通过目视来判断空气滤清器滤芯的变质程度，所以应根据行驶里程和时间长短来清洁或更换空气滤清器的滤芯。一般来说检查的间隔为每 20 000km 或 2 年进行一次，更换的间隔为每 40 000km 或 4 年进行一次。具体要求视车型不同而异，可参考维修手册。另外，若车辆经常行驶在沙地或尘土飞扬的地区，清洁或更换滤芯的间隔就要变短，因为恶劣的空气环境可能使滤芯很快堵塞。

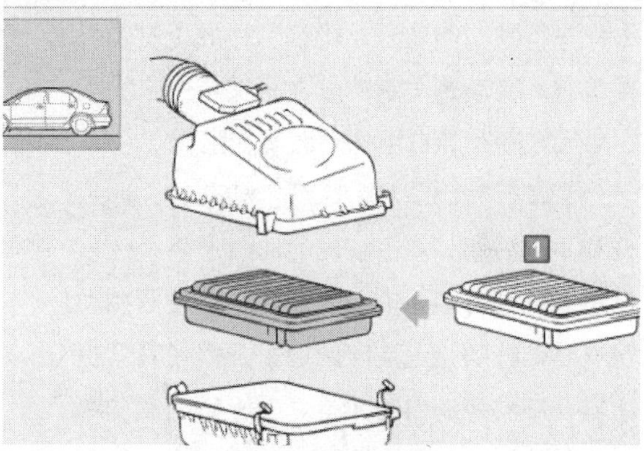

图6-13　空气滤清器的更换

1—空气滤清器滤芯

4. 空气滤清器的更换

若空气滤清器已经达到规定的更换间隔，或经检查滤芯脏污严重，则应及时更换空气滤清器滤芯，如图 6-13 所示，更换步骤如下。

（1）安装新的空气滤清器滤芯之前要彻底清除空气滤清器内部较大的灰尘及杂质。

（2）安装车辆所配用的原厂空气滤清器滤芯。

（3）安装时保证空气滤清器滤芯的完好和安装方向的正确。

四、制动片和制动盘（鼓）检查

1. 制动系统作用

汽车制动系是汽车底盘的重要组成部分，由制动踏板、制动器、制动力调节装置等部件组成，其功用是根据需要使汽车减速或在最短的距离内停车，在下坡时保持车速稳定，以保证行车的安全。根据其功能要求，制动系统一般有行车制动和驻车制动两种装置，主要由制动器、制动操纵机构、制动传动机构和制动力的调节机构 4 部分组成。

2. 制动系统工作原理

制动系的工作原理：非旋转元件与车身或车架相连，旋转元件与车轮或传动轴相连，依靠旋转元件与非旋转元件之间的相互摩擦，来阻止车轮的转动或转动的趋势，并将运动着的汽车的动能转化为摩擦副的热能散到大气中。

为保证汽车能在安全条件下发挥出高速行驶的能力，制动系统必须具有优良的制动性能，以及操纵轻便、制动稳定性好、制动平顺性好、散热性好等特点。

3. 制动器

凡利用固定元件与旋转元件的工作表面摩擦而产生制动作用的制动器称为摩擦制动器。摩擦制动器按照摩擦工作表面的不同分为鼓式和盘式制动器。

（1）鼓式制动器的分类及工作原理如下。

① 类型。鼓式制动器是靠制动蹄片挤压随车轮同步旋转的制动鼓的内侧而获得制动力的，所以俗称内部扩张双蹄鼓式制动器。鼓式车轮制动器按其制动蹄促动装置形式的不同，可分为轮缸式车轮制动器和凸轮式车轮制动器。根据制动时两制动蹄对制动鼓的径向作用力之间的关系，鼓式制动器可分为简单非平衡式、平衡式和自增力式三种。

② 工作原理。图 6-14 所示为轮缸式鼓式制动器，其工作原理如下。

汽车行驶不制动时，所有机件处于安装的原始位置。制动蹄与制动鼓之间保持一定的间隙，制动鼓随车轮自由转动而不受阻碍。

当汽车行驶制动时，踩下制动踏板，通过推杆和主缸活塞，使主缸内的油液产生一定压力后流入轮缸，继而推动轮缸活塞，使两制动蹄绕支承销转动，上端向两边张开而使其摩擦片压紧在制动鼓的内圆面上。不旋转的制动蹄就对旋转的制动鼓产生一个摩擦力矩 M_μ，其方向与车轮旋转方向相反。

这时，制动鼓将该力矩传到车轮。由于车轮与路面间的附着作用，车轮对路面作用一个向前力 F_μ，同时，路面也对车轮作用一个向后的反作用力，即制动力。制动力由车轮经车桥和悬架传给车架及车身，迫使汽车作减速或停车。

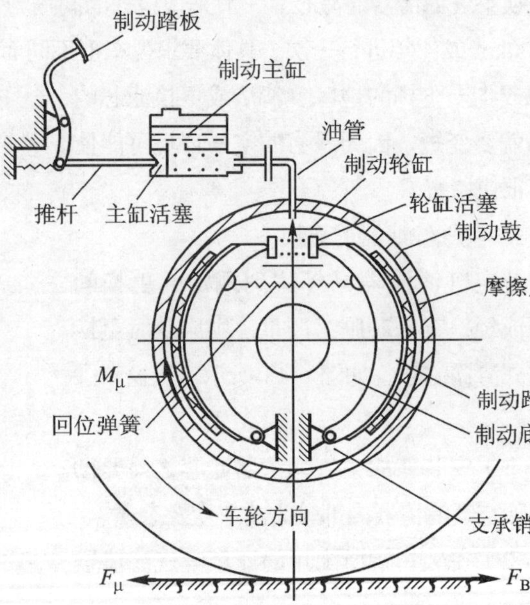

图6-14 鼓式制动器工作原理

当放松制动时，油液流回主缸，在各同位弹簧作用下，制动蹄与制动鼓又恢复了原来的间隙，从而制动作用解除。

（2）盘式制动器。现代汽车上使用的盘式制动器有两种：一种是定钳盘式制动器，另一种是浮动钳盘式制器。浮钳盘式制动器轴向和径向尺寸较小，而且制动液受热汽化的机会较少，兼充行车和驻车制动器的情况下，只须在行车制动钳油缸附近加装一些用以推动油缸活塞的驻车制动机械传动零件即可。故自 20 世纪 70 年代以来，浮钳盘式制动器逐渐取代了定钳盘式制动器。

① 定钳盘式制动器。定钳盘式制动器的基本结构如图 6-15 所示。旋转元件是固定在车轮上，以端面为工作面，用合金铸铁制成的制动盘。固定的摩擦元件是面积不大的制动块总成。制动钳的钳形支架通过螺栓与转向节（前桥）或桥壳（后桥）固装，并用调整垫片控制制动钳与制动盘之间的相对位置。制动时，制动油液被压入内外两油缸中，在液压作用下两活塞带动两侧制动块相向移动，压紧制动盘，产生摩擦力矩。解除制动时，活塞和制动块依靠密封圈的弹力和弹簧的弹力回位。

② 浮钳盘式制动器。浮动钳盘式制动器的工作原理如图 6-16 所示。制动时，活塞制动块在液压作用力作用下，由活塞推靠在制动盘上，同时制动钳上的反力推动制动钳沿定位导向销移动，使外侧的摩擦片也压靠在制动盘上，产生制动力。于是制动盘两边都被紧紧抱住，使其停止转动。

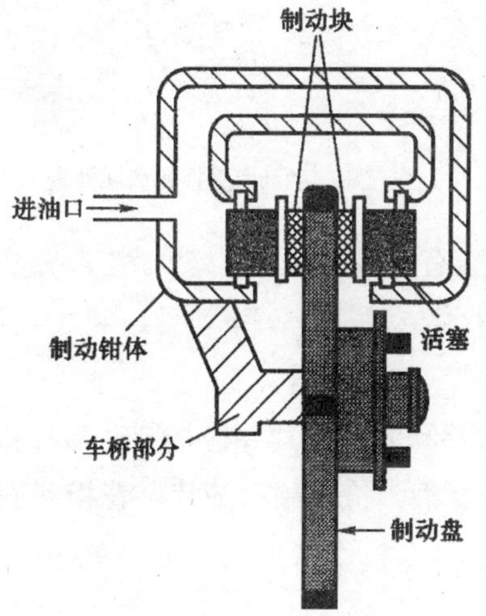

图6-15　定钳盘式车轮制动器

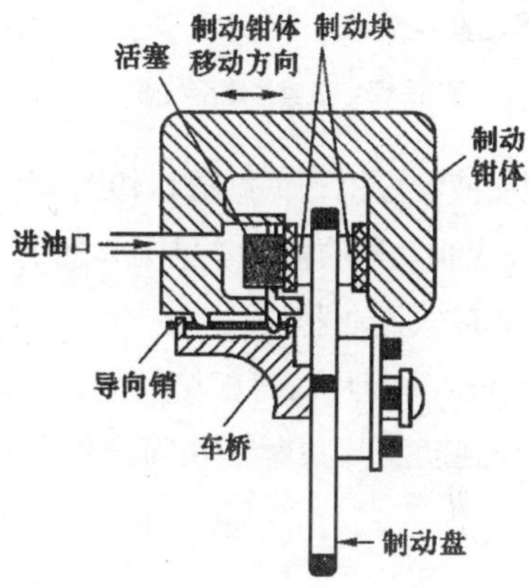

图6-16　浮钳盘式制动器

③ 盘式制动器的特点。盘式制动器与鼓式制动器相比较，其制动盘暴露在空气中，散热能力强。浸水后制动效能降低较少，而且只须经一两次制动即可恢复正常。制动时的平顺性好且效能稳定，制动盘沿厚度方向的膨胀量极小，不会象制动鼓的热膨胀那样使制动器间隙明显增加而导致制动踏板行程过大。此外，盘式制动器也便于装设间隙自调装置，结构简单，摩擦片拆装更换容易，因而维修方便。

盘式制动器的缺点是，因制动时无助势作用，故要求管路液压比鼓式制动器高，一般需在液压传动装置中加装制动加力装置，并采用较大缸径的油缸。另外盘式制动器防污性能差，制动块摩擦面积小，磨损较快，兼用于驻车制动时，需要加装的驻车制动传动装置较鼓式制动器复杂，因而在后轮上的应用受到限制。

3. 制动器的检修

（1）盘式制动器的检修内容如下。

① 制动器摩擦片厚度检查（见图 6-17）。检查制动器摩擦片厚度可使用一把直尺测量外制动器

摩擦片的厚度。对于内侧摩擦片，可通过制动卡钳内的检查孔目测摩擦片的厚度，确保其与外制动器摩擦片没有明显的偏差，没有不均匀磨损。如果制动器摩擦片的厚度低于磨损极限，则更换制动器摩擦片。

② 制动盘磨损和损坏检查（见图 6-18）。检查制动盘上是否有刻痕、不均匀或者异常磨损以及裂纹和其他损坏。

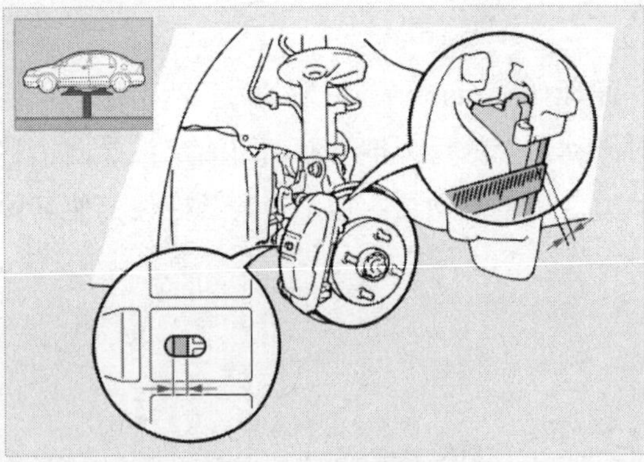

图6-17 摩擦片厚度检查

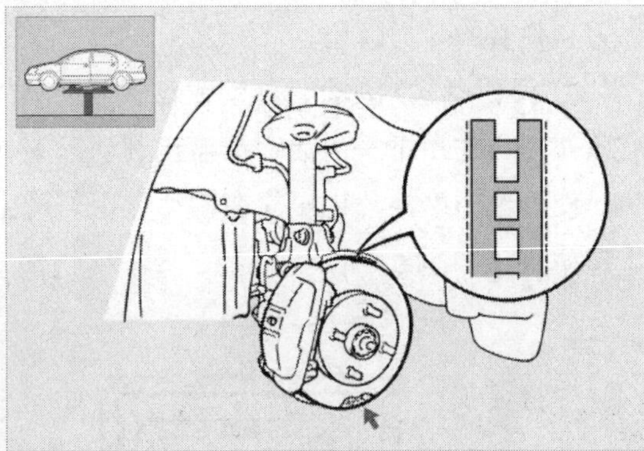

图6-18 制动盘磨损和损坏检查

③ 制动液渗漏检查（见图 6-19）。检查制动卡钳中是否有液体渗漏。

（2）鼓式制动器的检查（见图 6-20）。

① 拆卸鼓式制动器。

② 检查制动蹄片与背板接触区域的磨损。手动前后移动制动蹄片并检查制动蹄片移动是否顺利，检查制动蹄片与背板和固定件之间的接触面是否磨损，检查制动蹄片、背板和固定件是否生锈。

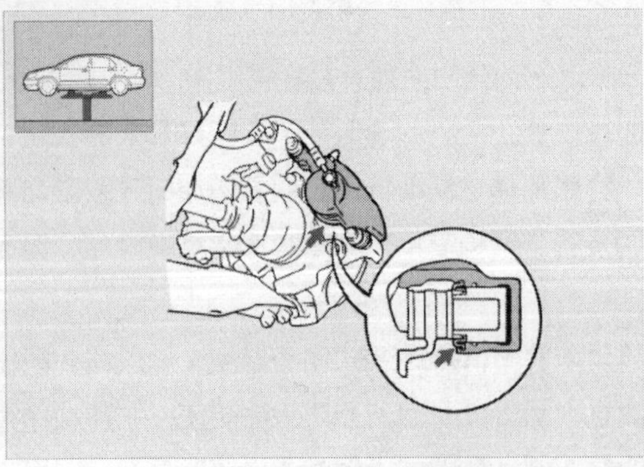

图6-19 制动液渗漏检查

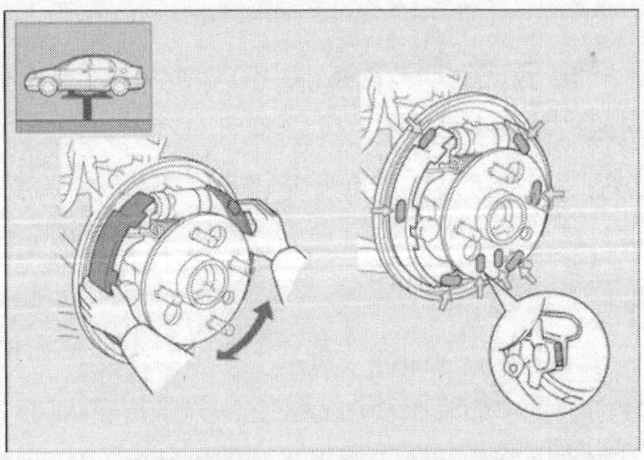

图6-20 鼓式制动器检查

③ 制动衬片的厚度检查（见图 6-21）。使用一把直尺测量制动衬片的厚度。如果厚度低于磨损极限，则更换制动蹄片。

④ 制动衬片的损坏检查（见图 6-22）。检查制动衬片是否有裂纹、蜕皮和损坏。

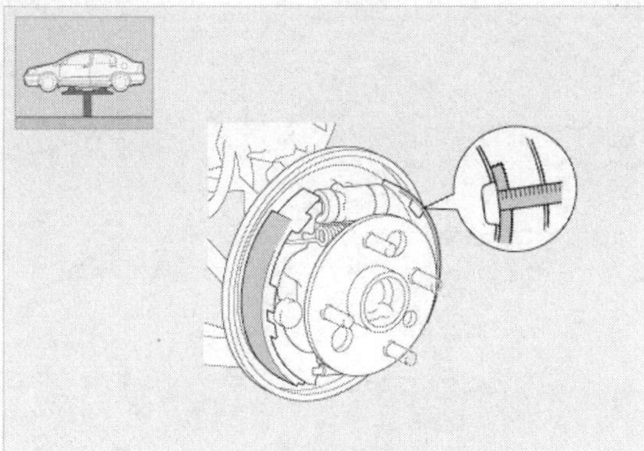

图6-21　制动衬片厚度检查

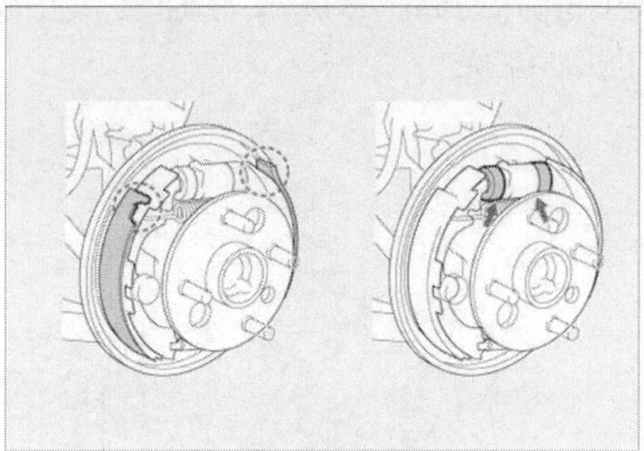

图6-22　制动衬片损坏检查

⑤ 制动鼓的内径检查。检查制动鼓的内径，与维修手册标准值进行比较，应不高于极限值。

⑥ 检查制动鼓与制动蹄衬面是否正常接触。在制动鼓内表面涂上粉笔灰后，将制动蹄与鼓内表面贴合，进行研磨。如果鼓与蹄片衬面接触不良，应研磨或更换制动蹄。

⑦ 检查制动分泵缸中是否有液体渗漏。如果制动液溅出或者粘在油漆上，立即用水漂洗。否则，制动液将损坏油漆表面。

五、排气管检查

排气管安装于汽车发动机排气歧管和消声器之间，发动机燃烧后的废气经由此管道排出。使整个排气系统呈挠性联接，从而起到减振降噪、方便安装和延长排气消声系统寿命的作用。排气管的主要材质是不锈钢，卡套和接管材质可为不锈钢或镀铝钢。排气管的检查主要有以下几方面。

1. 损坏和安装状况检查（见图 6-23）

（1）检查排气管是否损坏。

（2）检查消声器是否损坏。

（3）检查排气管支架上的 O 形圈是否损坏或者脱离。

（4）检查垫片是否损坏。

2. 排气管渗漏

通过观察接头周围是否存在任何炭黑，检查排气管连接部分是否泄漏废气。

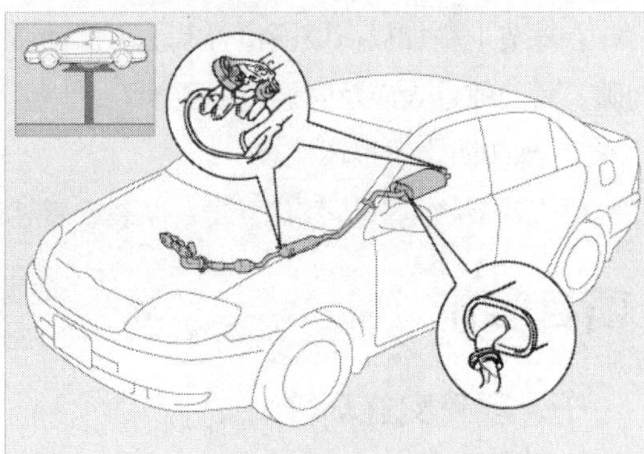

图6-23　排气管检查

六、驱动轴护套检查

驱动轴（也可称半轴）位于差速器和车轮之间，其作用是将发动机的旋转运动传递给车轮，用以带动车轮旋转。对于带有独立悬架系统的车辆来说，由于要求车桥两边的车轮相互独立，互不影响，因此驱动轴的两侧需要用万向节连接。如图 6-24 所示，万向节外侧的橡胶护套即是驱动轴护套。

1. 裂纹和损坏检查

手动转动轮胎以便它们被完全转向一侧。然后，检查驱动轴护套的整个外围是否有任何裂纹或者其他损坏，如图 6-25 所示。检查护套卡箍，确保其已经正确安装并且没有损坏。若发现裂纹或损坏应及时更换。

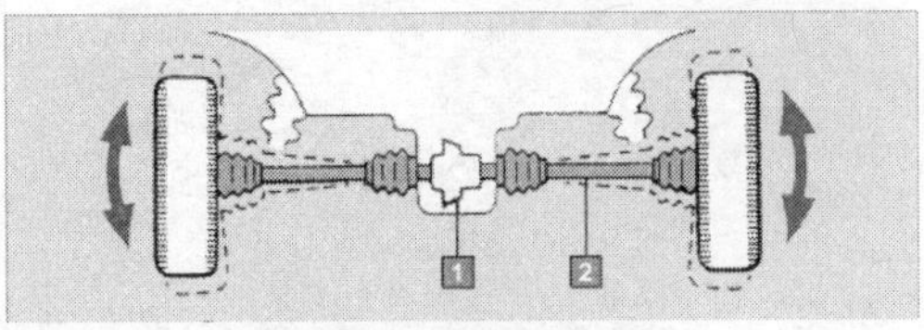

图6-24 驱动轴

1—差速器；2—驱动轴

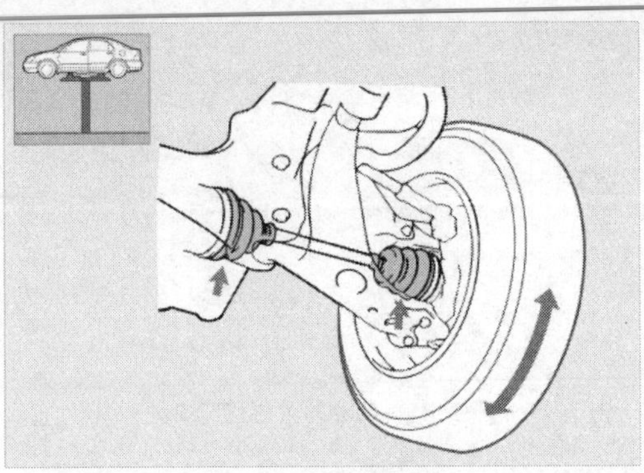

图6-25 驱动轴护套检查

2. 油脂渗漏检查

检查驱动轴护套是否有任何油脂渗漏。

七、球头检查

球头又叫球节，位于车辆下部，如图 6-26 所示，主要用于转向系各部件的连接，其结构视各个车的设计不同而不同，主要检查内容如下。

1. 球节的上下滑动间隙检查

在球节上施加载荷以便检查其上下滑动间隙，若间隙过大应及时调整或更换。

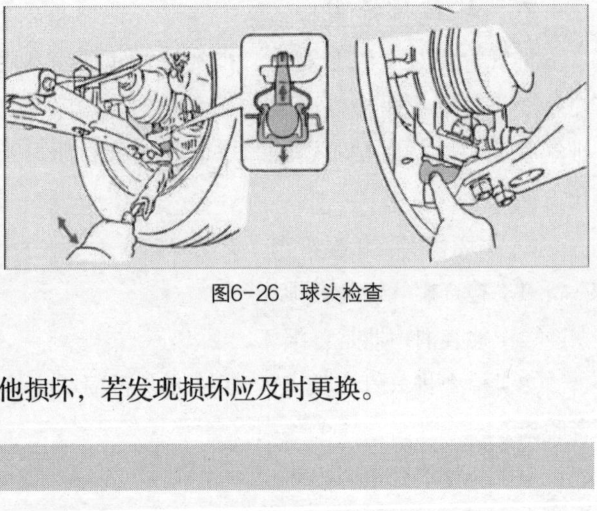

图6-26 球头检查

2. 球节防尘罩损坏检查

检查球节防尘罩是否有裂纹、撕裂或者其他损坏，若发现损坏应及时更换。

项目实施

一、项目实施环境

1. 车辆准备

各种类型的待维护车辆。

2. 工具设备准备

常用维护工具、轮胎气压表、机油滤清器扳手、冰点仪、高率放电计、皮带张力计、举升机、保护装置。

3. 资料准备

车辆维修手册、项目任务工单及其他相关资料。

二、项目实施步骤

1. 任务导入

客户王先生购买一辆一汽丰田卡罗拉轿车，厂家建议车辆行驶 20 000km 应进行例行保养，以确保车辆各项性能处于优良的状态，提高行车安全性，延长车辆使用寿命。现在客户车辆已经行驶 19 700km，客户来 4S 店要求为该车进行 20 000km 例行保养。前台和车间主任将该保养任务分配给你，作为车间维修技术员，请你按照 20 000km 保养标准流程为客户实施保养。

2. 实施步骤

（1）预检工作。

① 安装座椅套、地毯垫、方向盘罩，打开发动机盖。

② 打开发动机盖，安装翼子板布、前格栅布，安装尾排，使用车轮挡块。

（2）车辆 20 000km 维护。按照表 6-1 所示的 20 000km 保养标准流程为客户实施保养。实施过程注意人员和设备安全。由于车辆型号不尽相同，所以部分项目可根据实际车型加以调整。

表 6-1　　20 000km 定期保养检查表

定期保养检查表　　（20 000km/24 个月）

施工单号____________ 行驶里程____________ 入场时间____________

VIN____________ 车牌号码____________

车辆举升位置	步骤	序号	作业项目	检查结果	调整	更换	标准值/极限值	测量值
完全落下	发动机室	1	机油油位、品质					
		2	冷却液液位					
		3	冷却液冰点					
		4	玻璃水液位					
		5	刹车油液位、品质					
		6	转向助力油液位、品质					
		7	ATF 油液位、品质					
		8	蓄电池电解液液位					
		9	蓄电池安装状况					
		10	蓄电池电压检查					
		11	空调制冷剂量					
		12	空气滤清器检查					
		13	空气滤清器更换					
		14	皮带预紧力					
		15	皮带损伤					

续表

车辆举升位置	步骤	序号	作业项目	检查结果	调整	更换	标准值/极限值	测量值
完全落下	驾驶室	1	大灯操作及点亮					
		2	小灯操作及点亮					
		3	转向灯操作及点亮					
		4	危险警报灯操作及点亮					
		5	雾灯操作及点亮					
		6	仪表警告灯点亮及熄灭					
		7	尾灯刹车灯操作及点亮					
		8	室内灯外观及点亮					
		9	玻璃喷洗器状态					
		10	雨刮状态					
		11	喇叭状态					
		12	方向盘自由行程					
		13	方向盘操作					
		14	方向盘锁止					
		15	制动踏板状态					
		16	制动踏板自由行程					
		17	离合器踏板状态					
		18	离合器踏板自由行程					
		19	油门踏板状态					
		20	手刹工作状态					
		21	手刹指示灯					
		22	怠速状况					
		23	排气声音					
		24	空调制冷效果					
		25	空气制暖效果					
	车辆外部	1	发动机盖					
		2	挡风玻璃					
		3	雨刮片					
		4	车灯外观					
		5	后视镜					
		6	车窗玻璃					
		7	安全带					
		8	儿童锁					
		9	车门					
		10	油箱盖					
		11	行李箱盖					
		12	备胎检查					
		13	确认轮胎螺母紧固					

续表

车辆举升位置	步骤	序号	作业项目	检查结果	调整	更换	标准值/极限值	测量值
举升至中位	车辆周围区域	1	调整胎压					
		2	轮毂轴承					
		3	左前轮胎轮辋损伤					
		4	左后轮胎轮辋损伤					
		5	右前轮胎轮辋损伤					
		6	右后轮胎轮辋损伤					
		7	左前轮制动片（蹄）和制动盘（鼓）检查					
		8	右前轮制动片（蹄）和制动盘（鼓）检查					
		9	左后轮制动片（蹄）和制动盘（鼓）检查					
		10	右后轮制动片（蹄）和制动盘（鼓）检查					
		11	轮胎换位					
举升至高位	车辆底部	1	排放机油					
		2	更换机滤					
		3	车辆底部油液泄漏检查					
		4	车辆底部零件安装紧固情况					
		5	车辆底部损伤和生锈情况					
		6	排气管检查					
		7	驱动轴护套检查					
		8	球头和防尘套检查					
完全落下	发动机室等	1	加注机油					
		2	拧紧机油加注口盖					
		3	再次确认仪表板警告灯状态					
		4	对车辆、工具等实施 5S					
备注				操作技师： 检查员： 建议下次保养里程： 建议下次保养日期：				

知识拓展

轮胎爆胎的原因及预防

一、爆胎的原因

由爆胎引发的事故在高速公路事故中居高不下。那么，是什么原因造成高速公路频频发生爆胎事件呢？一般说来，爆胎是由于轮胎磨损剧烈，造成胎体过薄，轮胎的内部不断地发热，此时就很容易被物体刺破，从而发生爆胎。不过，轮胎爆裂还与以下几个因素相关。

1. 胎压不足

如果轮胎胎压不足，易使轮胎侧壁弯曲折断而发生爆裂。如果上路之前充气时，因气门嘴有磨损或灰尘而导致轮胎漏气，使轮胎内部胎压过低，也容易引发爆胎。

2. 胎压过高

可使轮胎的缺陷处（如以前损伤的部位）发生爆裂，在天气炎热的夏天或长时间行驶时，这样的情形比较多见。

3. 车辆超载

车辆的超载对于轮胎的危害是不言而喻的，尤其是我们常常在高速公路上看到一些大货车超载，这时轮胎更容易发生爆胎事故。

4. 高速驶过尖锐物体

车辆在高速行驶时，轮胎与路面上锐利的石头或其他尖锐物体摩擦而导致漏气进而发生爆胎也是比较常见的事故原因。

二、爆胎的后果

一般情况下，爆胎的后果轻则使车辆失去正常的行驶状态，转向盘失去控制，车辆偏驶，严重的将会出现车辆完全失控、甩尾和掉头。如果爆胎发生在高速公路上，则很可能导致车毁人亡的惨剧。

针对爆裂的轮胎所在位置不同，爆胎的后果也自不同。如果是后轮的轮胎爆裂，车辆的尾部就会摇摆不定、颠簸不已。而如果是前轮的轮胎爆裂，则会严重影响驾驶者对转向盘的控制。

三、如何防止爆胎

既然爆胎会产生如此严重的后果，我们应该如何防止爆胎的发生呢？下面罗列了一些避免爆胎发生的方法。

（1）首先要提醒的是，爆胎不仅仅是在夏天才发生。如果胎压过低或过高，胎面过度磨损接近报废，即使在隆隆的冬日，车辆的轮胎也可能爆裂。因此，避免轮胎爆胎应从日常的保养抓起。

（2）经常检查轮胎能起到消除爆胎隐患的作用。特别是要检查轮胎胎压是否在标准范围之内，不能过高也不能过低。

（3）要经常剔除胎面花纹沟槽中的石子或异物，以免轮胎胎冠变形。检查轮胎胎侧有无刮、刺伤，是否露出帘线，如果有应及时更换。

（4）经常在高速公路上行驶的车辆，一定要定期对轮胎进行换位，关于轮胎换位的时间、方式及相关知识请查看正文中的描述。

（5）车辆在高速公路上行驶时，驾驶员应双手握稳转向盘，尽量避免驶过异物（如石头、砖头及木块等），避免高速驶过突然出现的深坑。

（6）所有轮胎都应在其使用寿命范围之内使用（轿车轮胎的使用寿命应在 2～3 年或者行驶 60 000km 左右），超过使用寿命或已经严重磨损的轮胎应及时更换新胎。

（7）在烈日炎炎的夏日里，如果需要长时间停放车辆，最好是将车辆停放在阴凉的地方，以免轮胎在烈日下暴晒。

四、遇到爆胎的处理办法

行车过程中一旦发生爆胎，千万不要慌张，一定要双手握稳转向盘，松开加速踏板缓慢降低车速，在注意后面车辆的同时，缓慢制动并驶离主干道，最后把车停住。爆胎后切勿紧急制动，以免因制动力不均而使车辆甩尾或翻车。同时应适时适度地边修正方向边制动，如果方向瞬间跑偏，切忌修正方向过大导致交通事故。

此外，如果是后轮轮胎爆胎，驾驶者除了保持镇定、握稳转向盘外，还应该反复一次一次地踩踏制动踏板，这样可以把汽车的重心前移，使完好的前轮胎受力，减轻爆裂后轮胎所承受的压力。而如果是前轮的轮胎爆胎，则应该尽可能轻踩制动踏板，以免车头部分承受太大的压力，甚至导致轮胎脱离轮毂。

五、更换备胎

当在行驶途中轮胎遇到故障，需要更换时，按照下面介绍的这 6 个步骤操作。

（1）当遇到爆胎或者需要临时更换备胎时，请先将车辆停到安全地带，切莫在公路中央更换备胎。应选择水平路面停车，将换挡杆拨到空挡（手动挡）或 P 挡（自动挡）。

（2）按下车辆危险报警提示灯（双蹦灯），待车辆停好后，拉起手制动（手刹）。当您确认安全后，下车走到车尾处，从行李舱中取出三角警示牌，在车尾部左后方 50 m 左右的地方摆好，以便提前提醒后方的车辆，该车出现了故障。

（3）从行李舱中取出备胎、轮胎扳手和千斤顶。先将备胎平放于车身下方，以备不测。

（4）将千斤顶置于车身下的钢梁处，并将千斤顶起重爪对准车身下方支撑点。用轮胎扳手依次将需要更换的轮胎螺栓松开一圈。

（5）摇动千斤顶将车身支起。然后用扳手依次卸下需要更换的轮胎的螺栓，并卸下车轮。

（6）将备胎对准车轴和螺孔，以对角线的方式将轮胎螺栓拧上。然后松开千斤顶，让车轮着地。最后再以对角线的方式将轮胎螺栓依次拧紧。

课后自测

一、填空题

（1）蓄电池电解液的密度检查时使用一个液体密度计检查蓄电池电解液温度为____℃时，所有单格的密度是否为____g/cm^3，并且确认蓄电池单格之间的密度偏差是否低于0.025g / cm^3。

（2）按轮胎内空气压力的大小，轮胎可分为高压胎、低压胎和__________三种。

（3）轮胎按胎体帘布层结构不同，可分为__________和__________。

（4）轮胎的换位建议每隔_______万公里进行一次。

（5）摩擦制动器按照摩擦工作表面的不同分为__________和盘式制动器。

（6）现代汽车上使用的盘式制动器有两种：一种是__________制动器，另一种是浮动钳盘式制器。

二、简答题

（1）蓄电池电量如何测量？

（2）简述蓄电池的充电步骤。

（3）轮胎的常规检查都有哪些项目？

（4）简述轮胎动平衡的步骤。

（5）盘式制动器有哪些优缺点？

（6）盘式制动器有哪些检查项目？

（7）鼓式制动器有哪些检查项目？

Chapter 7

项目七

车辆 40 000km 维护

任务描述

客户王先生购买一辆一汽丰田卡罗拉轿车，车辆行驶里程 39 800km，为确保车辆各项性能处于优良的状态，提高行车安全性，延长车辆使用寿命，按照厂家建议行驶 40 000km 需进行定期保养。该例行保养由汽车维修车间维修技术员负责实施，在车辆 5 000km、20 000km 保养的基础上进行。主要保养内容为更换机油机滤、更换空气滤、空调滤、更换制动液、更换自动变速箱油等。

本项目以客户王先生卡罗拉轿车 40 000km 保养这个实际工作任务为载体，详细介绍车辆 40 000km 保养的内容、流程、作业方法和技术标准。保养中一些常规检查在前面项目的相关知识中已经讲述，已经讲过的知识点本项目将不再赘述。项目实施环节以汽车 4S 店 40 000km 保养实际作业工单为引导，强化实际维护技能训练，使理论知识、技能训练与实际工作任务实现零距离接轨。

能力目标

（1）能正确执行操作规范和安全规章，在生产过程中贯彻 5S 理念。

（2）能独立完成工作计划要求的 40 000km 维护作业项目。

（3）能正确填写车辆 40 000km 维护作业工单。

（4）能查阅维修手册、专业网站等资源解决实际问题。

相关知识

一、制动液更换

1. 制动液的作用

汽车制动液俗称“刹车油”，是机动车液压制动系统中传递压力的介质。

2. 制动液的类型

汽车制动液一般分为醇型、矿油型和合成型 3 类。

（1）醇型制动液。醇型制动液的基本组成是蓖麻油 45%～55%和醇 55%～45%（百分数指质量分数）进行调配。产品润滑性好，原料易得，低温黏度大，工艺简单。但低温性能差，平衡回流沸点低，易产生气阻，与水互溶性差，使用过程中易氧化变质，不能保证安全行车。

（2）矿油型制动液。矿油制动液是以精制的柴油馏分经深度脱脂后的组分做为基础油，加入增粘剂、抗氧化剂、防锈剂、染色剂等调合而成。这类制动液的温度适应范围宽、低温性能好，对金属无腐蚀作用。但不能与水及合成制动液混溶，进入少量水后在高温下水气化而产生气阻，影响制动效果，对天然橡胶有溶胀作用，必须使用耐油橡胶密封件。

（3）合成型制动液。合成型制动液是目前使用最多的制动液，可分为醇醚型、酯型和硅型三类。

① 醇醚型制动液。由润滑剂、稀释剂和添加剂组成，常用的润滑剂有乙二醇、聚丙二醇、环氧乙烷合成物、环氧丙烷的聚合物等，常用的稀释剂有二甘醇醚、三甘醇醚，四甘醇醚等。常用的添加剂有抗氧剂、抗腐蚀剂、防锈剂、抗磨剂、pH 值调整剂等。产品性能较为稳定，成本较低，用量最大。其缺点是平衡回流沸点不大高，及湿性强，低温性能差，而且在湿热气候条件下使用时，制动器部件易锈蚀。

② 酯型制动液。其基础液为羧酸酯与硼酸酯，加入量（质量分数）大约为总量的 20%～50%。常用的衡释剂为聚乙二醇的单烷基醚等，常用的添加剂有抗氧化剂、抗腐蚀剂、pH 值调整剂等。性能比前者有很大改善。

③ 硅型制动液。一般为烷撑聚醚硅酸酯，如聚烷撑乙二醇硅酸酯等，并加有橡胶抗溶胀剂和其他添加剂。这类制动液性能较好，但价格昂贵。

现在我们用的一般都是合成型的制动液，具体型号在车辆的使用手册上面、在车的制动液加注口上面或旁边也会有明显的标注。一定要按标注的型号购买和使用，不得随意提高或降低标准，因为涉及和活塞皮碗的性能匹配问题。刹车油的型号就是以 DOT3、DOT4、DOT5、DOT6 等分类的。

3. 制动液的要求

（1）应有较高的沸点。现代汽车在行驶中的制动比较频繁，制动鼓（盘）的温度不断升高，如使用沸点较低的制动液，常会在管路中产生气阻而导致制动失灵，因此制动液的蒸发性要低，不易在高温下汽化。

（2）具有适宜的高温黏度和良好的低温流动性。制动液在各种条件下都能及时传递压力，并同时使传动机构中的运动件得到一定的润滑。

（3）具有抗氧化、抗腐蚀和防锈的性能。制动液长期与金属相接触应不会因氧化而产生胶状物和腐蚀性物质，或因锈蚀而变色，甚至形成坑点。

（4）吸湿性低、溶水性好和沸点下降少。即使有水分进入制动液，要求能形成微粒而和制动液均匀混合，不产生分离和沉淀现象。

（5）对橡胶的适应性好。制动液对橡胶件不应有溶胀作用，否则会使其失去应有的密封作用，因此制动液对橡胶件要有良好的适应性。

（6）良好的化学稳定性。制动液长期在高温作用下使用，因此要求制动液不产生热分解和重合，而使油品增粘，也不允许生成油泥沉积物。同时要求互溶性好，当与另一种制动液混合时，不能产生分层或沉淀，影响使用。

4. 制动液的选用原则

由于涉及到和活塞皮碗的性能匹配问题，因此制动液一定要按照车辆使用手册上标注的型号购买和使用，不得随意提高或降低标准。目前常用的刹车油的型号有 DOT3、DOT4、DOT5 等。在车辆的制动液加注口上面或旁边也会有明显的标注用来指示该车制动液的类型。

5. 制动液更换周期

现代汽车使用的制动液多为合成型的制动液，由于其具有一定的吸湿性，在使用一段时间后，会因吸入水分而使其沸点降低，易在制动时形成气阻，使制动失灵。因此应在规定的使用期限更换制动液。制动液对汽车漆膜有溶解作用，更换制动液时应特别注意，如果沾染了制动液要立即清洗干净。

6. 制动液的检查

（1）油量检查。对于大多数手动挡的汽车来说，离合器液也作为制动液使用，二者可共用储液罐，也可分开单独使用各自的储液罐，其液位检查方法一样。正常的离合器液或制动液的液面应在储液罐的上限与下限刻线之间或标定位置处，如图 7-1 所示。当液位低于标定刻线或下限位置时，应及时补充新的离合器液或制动液到标定刻线或上限位置。

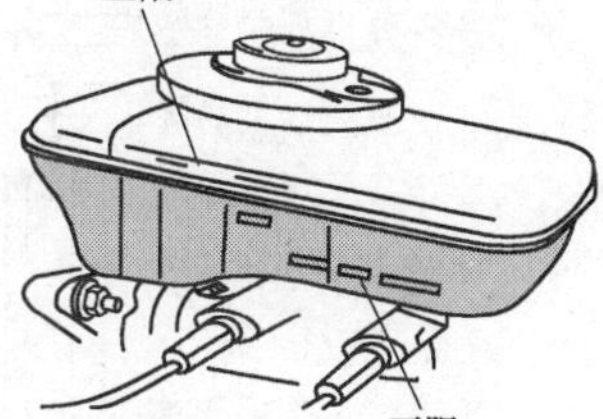

图7-1　制动液液位检查

（2）油质检查。滴一滴制动液在白纸上，检查制动液中是否有杂物。观察制动液的颜色，如变色应更换。

7. 制动液的更换

（1）传统人工更换制动液法。

① 放出旧制动液。起动发动机并保持其怠速运转。拧下制动储液罐的加液口盖。在右后分泵放气螺钉上套上一根透明塑料管，将管的另一端放入一装有制动液的容器内。拧松放气阀，连续踩下制动踏板，直到制动液不再流出为止，拧紧放气阀。按照同样的方法依次将左后轮、右前轮和左前轮制动分泵和管路内的制动液排放干净。

② 添加制动液。打开储液罐盖，将同种型号的制动液加入储液罐中，直到液面达到规定要求为止，最后旋紧储液罐盖。

③ 排放液压管路内的空气。按由远至近的原则，按制动管路分布情况对各轮缸进行放气。放气作业由两人配合进行。一个人在驾驶室内连续踩动制动踏板，使踏板位置升高并保持踩下踏板不动。此时在车下的另一个人拧松放气阀，使管路中的空气和制动液一同排出。当踏板位置降低时，立即拧紧放气阀。如此反复多次，直到塑料管内没有气泡排出为止。拧紧放气阀并装好防尘套。按上述方法依次对其他轮缸进行放气。

在排气时应一边排除空气，一边检查和补充制动液，以免空气重新进入制动管路，直到空气完全排放干净为止，将储液罐的制动液补充到规定位置。

（2）专用换油机更换制动液。

① 将换油机连到制动液储液罐上，将踏板压具压在制动踏板和驾驶员座椅之间，使制动踏板被压紧。

② 按由远至近的顺序打开放气螺塞，让制动液从每个轮缸中流出，总流出量为 0.5L 左右，然后扭紧各放气螺塞。

③ 制动液更换完毕后，将换油机从制动液储液罐上取下，拆下踏板压具，用力踩几次制动踏板，检查制动状况。

④ 排气作业结束后，将储液罐制动液补充到上限位置，装好储液罐盖并擦净油污。试车检验制动性能，同时检查各部位有无漏油现象。如在检查过程中制动踏板发软，则表明制动系统内的空气没有完全排净，因此需要重新进行排气作业。

二、发动机冷却液更换

1. 冷却系简介

（1）冷却系作用。冷却系以水作为冷却介质，把发动机受热零件吸收的热量散发到大气中去。目前汽车发动机采用的冷却系大都是强制循环式冷却系，利用水泵强制水在冷却系中进行循环流动。它由散热器、风扇、冷却水套和温度调节装置等组成，如图 7-2 所示。

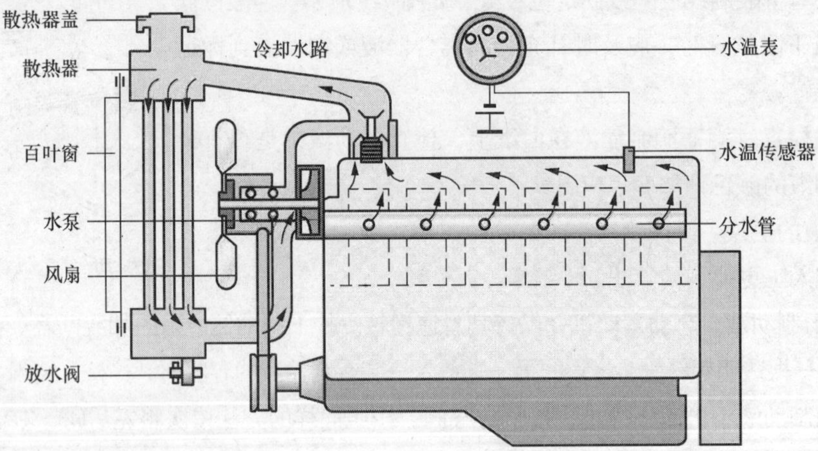

图7-2　冷却系的组成

（2）冷却水路。强制循环式水冷却系是用水泵把该系统的冷却液体加压，使之在水套中流动，冷却水从气缸壁吸收热量，温度升高，热水向上流入气缸盖，继而从缸盖流出并进入散热器。由于风扇的强力抽吸，空气从前向后高速流过散热器，不断地将流经散热器的水中的热量带走。冷却了的水由水泵从散热器底部重新泵入水套，水在冷却系中不断循环。为了控制冷却水温度，冷却系中设有冷却强度调节装置，如百叶窗、节温器和风扇离合器等。

冷却液在发动机中有两大循环路线，即大循环和小循环。其循环路线如下。

大循环：冷却水经水泵—水套—节温器—散热器，又经水泵压入水套再次循环，其水流路线长，散热强度大，称为冷却系的大循环。

小循环：冷却水经水泵—水套—节温器，后不经散热器，而直接由水泵压入水套进行循环，其水流路线短，散热强度小，称冷却系的小循环。

2. 发动机冷却液

（1）冷却液的作用。冷却液是汽车发动机不可缺少的一部分。它在发动机冷却系统中循环流动，将发动机工作中产生的多余热能带走，使发动机能以正常工作温度运转。当冷却液不足时，将会使发动机水温过高，而导致发动机机件的损坏。除了冷却作用外，冷却液还具有冬季防冻、防腐蚀、防水垢、防开锅等功能。

（2）冷却液类型。在过去，我国汽车的冷却液一直是水，散热器俗称水箱。随着时代的发展，现代的轿车已基本上实行强制循环冷却系，其水温可高达 95℃～105℃，因而使用防冻液替代了传统的水。

目前，国内使用的防冻液有乙二醇水、丙二醇水等，其中乙二醇水型使用最为广泛。它是由软水和乙二醇加上防锈剂、pH 调节剂、抗泡剂及着色剂等添加剂组成。国内乙二醇防冻液从防腐性能上分为普通型和长效型两种。普通型使用期为一个冬季，长效型则为 2 年。从使用方式看防冻液有直接使用型和浓缩型两种，浓缩型液在使用时，应根据当地的气温进行稀释和配制。随着汽车技术性能的逐渐提高，直接使用型长效型防冻液被越来越广泛地使用。

现在市场销售的防冻液有很多颜色。例如：长城多效防冻液为萤光绿色，加德士特级防冻液为橙色，蓝星防冻液为蓝色，统力防冻液为红色。防冻液的颜色和防冻液的性能、质量没有必然的联系。防冻液本身是无色透明的液体，这些防冻液做成鲜艳夺目的颜色，主要是为了便于区分和辨认而加入了一些染色剂，另外一个作用就是为防止误食。长城多效防冻液制备成特殊的萤光绿色，是加入了萤光物质，主要是为了便于检漏。

3. 冷却液的选用

合理选用防冻液是保证发动机冷却系统正常工作的重要环节。而正确选用优质防冻液是减少铝制发动机汽缸盖等零部件被腐蚀的关键。应当尽量选择质量优良的知名品牌的乙二醇型防冻液，其凝固点可比汽车运行地区的最低温度再低 10℃左右。

4. 冷却液的更换周期

发动机防冻冷却液在高温状态下长期使用，必然会导致变质，令使用性能下降。因此，必须定期更换。一般厂家建议两年或每行驶 40 000～50 000km 更换一次。如果是出租车，那得更换得勤些，比如一年或 30 000km 换一次，具体更换周期应根据车辆养护手册执行。

5. 冷却液的检查

现代轿车汽油机冷却系统中都装有防冻液补偿系统。补偿系统由膨胀水桶和连接到散热器加水口座上的溢流管等组成。膨胀水桶最低液面高度高出散热器液面，系统可以使散热器充满冷却液，以便发挥散热器的最大散热功能。发动机温度升高时，散热器的防冻液受热膨胀，防冻液和上方的热空气就会从散热器流入膨胀水桶；当发动机温度降低时，散热器中的防冻液就会收缩，防冻液就从膨胀水桶中流入散热器。这样，就使散热器中始终充满防冻液。所以，在发动机运转温度正常时，膨胀水桶的防冻液液面高度应保持在最低位置和最高位置标记的范围内。

检查发动机冷却液位时，要等发动机冷却后，检查冷却液贮液灌中的液位，如图 7-3 所示。如果液位在储液罐上高位线与低位线之间，则表明液量充分。如果液位低，则需添加冷却液。随着发动机温度的高低，冷却液贮液灌中的液位也随之变化。

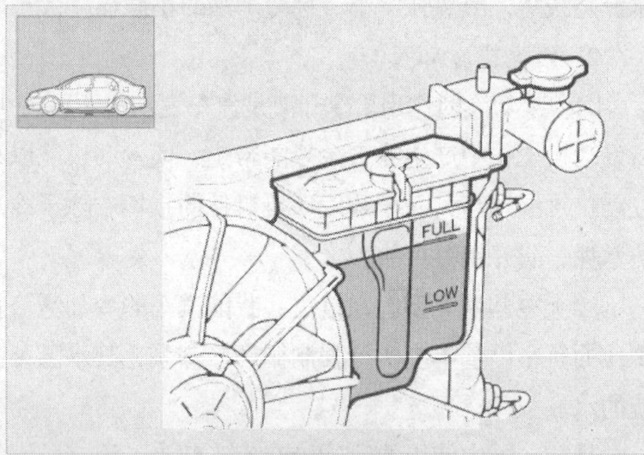

图7-3 冷却液液位的检查

如果在加冷却液后，在短时间内液位下降，则系统可能有泄漏。须检查散热器、软管、发动机冷却液箱盖、散热器旋塞、以及水泵。如果仍然没有发现泄漏，则对冷却系统进行加压测试。

6. 冷却液的更换

（1）排放冷却液时，按以下步骤进行。

① 打开散热器盖。如果想在发动机仍然发热时拆卸散热器盖，则应在盖上放一块布并且松开 45° 以便释放压力。然后，拆卸散热器盖。不要立即拆卸散热器盖，否则冷却液将会溅出。

② 举升车辆，确认水箱放水开关、缸体放水开关及水箱下水管位置。

③ 拧松放水开关，排放冷却液，用容器收集冷却液。若该车型无放水开关，则拆下下水管夹箍，拉出冷却液软管，排放冷却液。

④ 松开缸体放水螺塞，排放冷却液。

（2）添注冷却液时，按以下步骤进行。

① 紧固散热器放水螺塞，紧固气缸体放水螺塞。

② 将冷却液添加至散热器储液罐高位线。

③ 用手按压散热器进水管和出水管数次，检查冷却液液位，若液面下降，则及时添加至高位。

④ 安装散热器盖。

⑤ 打开暖风开关。

⑥ 起动发动机，使发动机充分暖机至冷却风扇运转。及时按压进出水管，排空冷却系统内的空气，确认冷却系统无泄漏。

⑦ 发动机熄火，冷却后检查冷却液液位。若液位过低，及时添加至高位。

三、油箱盖、油管接头检查

燃油系统负责向发动机供应燃油，同时具有清除垃圾或灰尘的功能，并能调节燃油供给量。燃油系统的结构组成如图 7-4 所示，燃油系统的检查作业主要有以下几个方面。

1. 油箱盖检查（见图 7-5）

（1）油箱盖变形或者损坏检查。通过检查确保油箱盖或者垫片都没有变形或损坏，同时检查真空阀是否锈蚀或粘住。

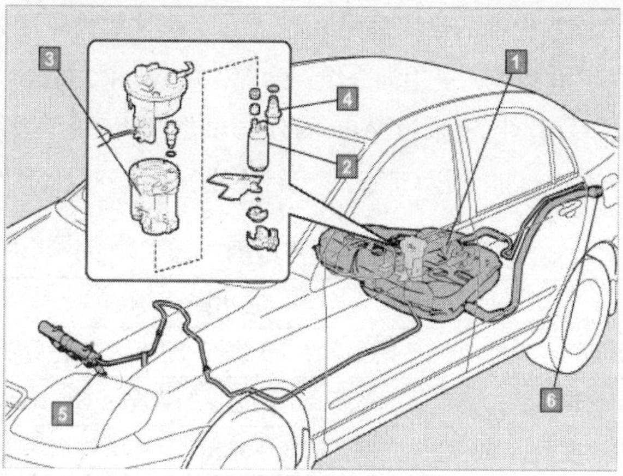

图7-4 燃油系统组成

1—油箱；2—燃油泵；3—燃油滤清器；4—压力调节阀；5—喷油嘴；6—燃油箱盖

（2）油箱盖附件情况检查。通过检查确保油箱盖能够被正确上紧。

（3）油箱盖扭矩限制器工作情况检查。安装油箱盖，进一步上紧油箱盖，确保油箱盖发出咔嗒声而且能够自由转动。

2. 油管接头检查（见图 7-6）

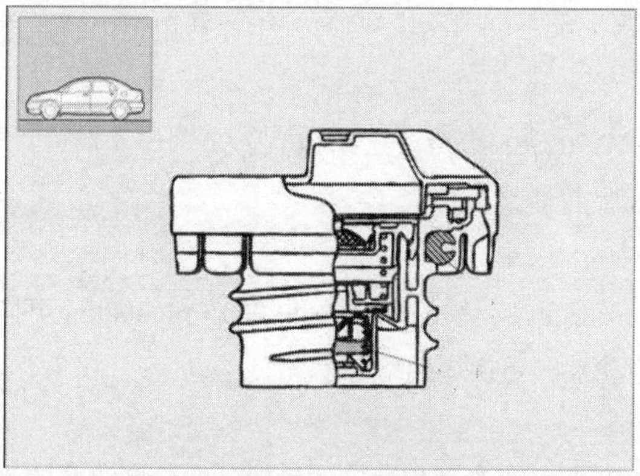

图7-5 油箱盖

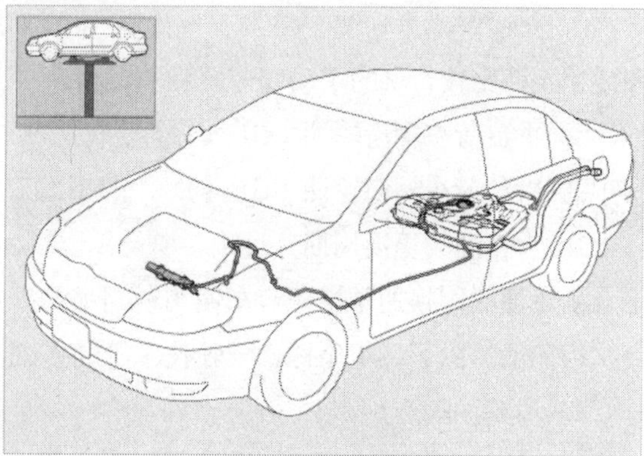

图7-6 燃油管路

（1）燃油渗漏检查。检查燃油管路是否渗漏。

（2）燃油管路损坏检查。检查燃油管路是否损坏。

四、手动变速箱油更换

1. 手动变速箱油（齿轮油）

手动变速器中的工作液主要是车辆齿轮油，通常把用于汽车手动变速器、驱动桥齿轮传动机构的润滑油称为汽车齿轮油。和其他润滑油一样，汽车齿轮油在齿轮传动中的主要作用是降低磨损、冷却零部件，同时还可起到缓和震动、减少冲击、防止锈蚀，以及清洗零件表面杂质等作用。

（1）汽车齿轮油的分类。目前，国际上采用美国汽车工程师协会（SAE）和美国石油学会（API）的分类标准，来标定齿轮油。

① 按照黏度分类。汽车齿轮油的黏度采用 SAE 黏度分类法将齿轮油分为 7 个黏度牌号，冬用油一组：70W、75W、80W 和 85W；夏用油一组：90W、140W 和 250W。

② 按使用性能分类。目前国际上采用 API 的分类方法，按齿轮承载能量和使用条件不同，分为 GL-1、GL-2、GL-3、GL-4、GL-5 和 GL-6 共 6 个级别，如表 7-1 所示。

表 7-1 齿轮油适用范围

标　号	适 用 范 围
GL-1	齿面压力、低滑动速度下运行的汽车螺旋锥齿轮、蜗轮后轴和各种机械变速器
GL-2	汽车蜗轮后轴，其负荷、温度及滑动速度的状况用 GL-1 级齿轮油不能满足使用要求
GL-3	中等速度及负荷运转的汽车机械变速器和后桥螺旋锥齿轮规定用 GL-3
GL-4	在高速低扭矩及低速高扭矩下运转的小客车和其他车辆的各种齿轮特别是准双曲面齿轮
GL-5	在高速冲击负荷、高速低扭矩、低速高扭矩条件下运转的小客车和其他车辆的各种齿轮，特别是准双曲面齿轮
GL-6	在高速冲击负荷运转中汽车的各种齿轮，特别是高偏置准双曲面齿轮，偏置大于 50 mm 或接近从动齿轮直径的 25%

（2）常用齿轮油。根据齿轮的形式和负载情况，我国将车辆用齿轮油划分为普通车辆齿轮油、中负荷车辆齿轮油、重负荷车辆齿轮油 3 个等级。

① 普通车辆齿轮油（GL-3）主要有 80W/90、85W/90、90 号三个牌号。主要适用于中等速度和使用条件比较苛刻的手动变速器和驱动桥。

② 重负荷车辆齿轮油（GL-5）主要有 75W、80W/90、85W/90、85W/140 及 90 号 5 个牌号。

③ 中负荷车辆齿轮油（GL-4），一般用准双曲面齿轮油来代替。

2. 齿轮油的更换周期

齿轮油的更换通常按照汽车使用说明书的规定，一般正常行驶的车辆每 40 000～60 000km 更换一次齿轮油。由于环境条件、驾驶技术等的差别，齿轮油的更换周期略有差异。

3. 齿轮油的选用

齿轮油的选用通常按照汽车使用说明书的规定，选择与该车型相适应的齿轮油的黏度级及使用级标号，还可参照下列原则选用齿轮油。

（1）根据当地季节气温选择齿轮油的黏度级别。齿轮油的黏度级别有 75W、80W、85W、90、140 和 250 号等标号，分别适用于最低气温为−40℃、−30℃、−20℃、−10℃、10℃和 20℃的地区，应对照当地季节最低气温适当选用齿轮油的黏度级别。

近年来，由于进口品牌的齿轮油在国内大量生产并销售，国内市场上出售的齿轮油基本上都使用国际标准的标号，即 SAE 黏度分级标号和 API 质量分级标号。按照国际标准为汽车选用齿轮油就可以满足汽车使用齿轮油的各项技术要求。

（2）根据齿轮类型和工况选择齿轮油的使用性能级别。使用级别的选择应严格按照车辆使用说明书的规定进行，对于一般工作条件下的螺旋锥齿轮主减速器（驱动桥）、变速器和转向器等总成可选用普通车辆齿轮油；对于准双曲面圆弧齿轮主减速器，必须根据工作条件选用中负荷车辆齿轮油或重负倚车辆齿轮油。

（3）齿轮油选用注意事项主要包括以下几方面。

① 不能混淆齿轮油和发动机润滑油的 SAE 黏度级别。在润滑油黏度级别分类标准中，为避免相互混淆，把高的分级标号用在齿轮油上，而把低的分级标号用在发动机润滑油上。但旧牌号的齿轮油分级号较低，此时应注意，齿轮油和发动机润滑油的黏度级别并无联系，不同型号不能互用。切不可将齿轮油当成机油使用，否则发动机将会发生黏缸、抱瓦等严重机械故障。

② 应分清齿轮油的种类和使用级别。准双曲面齿轮啮合齿轮间的挤压力非常大，普通齿轮油无法保持足够的润滑油膜。如果在其间使用了普通齿轮油，准双曲面齿轮将很快损坏。所以绝不能用普通齿轮油代替准双面齿轮油，也不可随意用准双曲面齿轮油代替普通齿轮油。否则，会造成各啮合齿轮的腐蚀性磨损和带来不必要的经济损失。应根据齿轮传动的特点及齿轮工作的苛刻条件，选择使用级别合适的齿轮油。

③ 不能错误地认为齿轮油的黏度级别越高其润滑性能就越好。若使用黏度标号太高的齿轮油，则会出现供油不及时、润滑不可靠、运动阻力加大、油耗激增等问题。特别是对高速轿车影响更大，所以应尽可能选用合适的多黏度级齿轮油。

④ 用油量要适当，油面高度应合适。用油量应适当，不要过多也不要过少。过多不仅增加搅油阻力和燃料消耗，而且齿轮油容易经后桥壳窜入制动鼓（如果密封不良），造成制动失灵；过少会使润滑不良，温度过高，加速齿轮磨损。齿轮油油面高度一般与变速器、驱动桥壳上的观察螺塞孔下缘平齐即可。应经常检查各齿轮油箱是否渗漏，并保持各油封衬垫完好无损。

⑤ 要按时换油，合理用油。应按规定换油指标换用新油，无油质分析手段时，按规定期限换油。汽车制造厂推荐的换油期一般为 40 000～60 000km。换油时，应趁热放出旧油，并将齿轮和齿轮箱清洗干净后方可加入新油。加新油时，应防止水分和杂质混入。

齿轮油的使用寿命较长。如果使用单黏度级齿轮油，则在换季维护时根据季节气温换用合适的黏度标号即可。

⑥ 齿轮油使用禁忌。在使用中，严禁向齿轮油中加入柴油等进行稀释，也不要因影响冬季起步而烘烤后桥、变速器等总成，以免齿轮油严重氧化变质。如果出现这种情况，应换用低黏度的多级齿轮油。

4. 手动变速箱油（齿轮油）渗漏检查

检查手动传动桥的下述区域是否漏油。

（1）检查壳接触面。

（2）检查轴和拉索伸出的区域。

（3）检查油封。

（4）检查排放塞和加注塞。

5. 手动变速箱油位检查

从传动桥上拆卸油加注塞，将手指插入塞孔，并且检查油与手指接触的位置。乘用车一般的标准为油位与加注口平面的距离为 0～5mm，如图 7-7 所示。

6. 手动变速器油的更换

（1）根据车型选择合适的发动机齿轮油类型。

（2）将车辆停至低位，将发动机预热至正常工作温度后熄火。

（3）举升汽车，按照要求进行变速器泄漏的检查，重点检查油底壳的接触面、油封、放油螺塞等处是否漏油。

（4）拆卸齿轮油加注塞和排放塞，排放旧齿轮油。

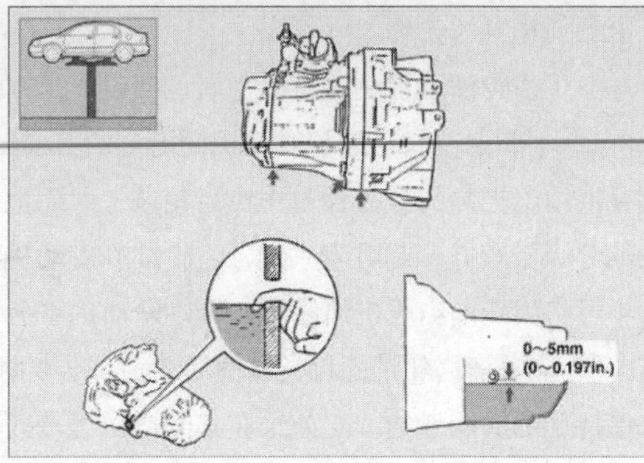

图7-7 手动变速箱油位检查

（5）更换新放油螺塞垫片，拧紧放油螺塞。

（6）加注新齿轮油，注意不要加注过量。

（7）拧紧加油螺塞，放下汽车到地面。

（8）起动发动机，预热至正常油温后，踩下离合器踏板来回换挡。路试无换挡异响，再次检查油面高度，正常后即可。若不足，继续从机油加注口添加，确保液位处于规定的范围内。

五、自动变速箱油更换

1. ATF 的作用

自动变速器油（Automatic Transmission Fluid，ATF）是指专用于自动变速器的油液。在自动变速器中 ATF 主要有下列作用。

① 通过电控、液控系统传递压力和运动，完成对各换挡元件的操纵。

② 将变速器中的热量带出传递给冷却介质。

③ 对行星齿轮机构和摩擦副强制润滑。

④ 清洁运动零件并起密封作用。

ATF 对自动变速器的工作、使用性能及使用寿命都有非常重要的影响。汽车自动变速器保养的主要内容就是对 ATF 的检查和更换。由于 ATF 工作特点的不同，在性能上有别于其他油液，主要有以下特性。

① 具有较高的粘温性。

② 具有较高的氧化安定性。

③ 具有防腐防锈性。

④ 具有良好的抗泡沫性。

⑤ 具有抗磨性。

⑥ 具有剪切稳定性。

2. ATF 的分类

各个国家对 ATF 均有严格的规定。目前，应用广泛的 ATF 是 DEXRON 与 DEXRON Ⅱ和Ⅲ型。主要应用于美国通用、克莱斯勒，日本和德国的大部分车型上。

3. ATF 的选用

自动变速器经过长时间的使用，若不能及时更换自动变速器油，容易造成 ATF 油污染、颗粒增大，产生碎屑、变质和降低黏度，加大摩擦片间的磨损，从而产生油路阻塞、拉伤阀体、阻塞柱塞、换挡冲击、增加油耗等工作异常，甚至损坏自动变速器。为保证自动变速器正常工作，应及时更换自动变速器油。

在更换 ATF 之前一定要参阅液面指示器或排放塞上的标号以及修理手册中“准备”一节中有关润滑剂的部分，根据汽车变速器的型号选择不同类型的 ATF 液。

4. ATF 的更换周期

按照汽车维护常识和自动变速器养护规定，在汽车行驶 40 000～50 000km 的里程后，需进行自动变速器油液更换。

5. ATF 的检查

在进行自动变速器维护时，对 ATF 的检查是极其重要的工作。检查内容主要包括油质检查、油量检查和漏油检查。

（1）油质检查。检查油质、颜色、气味和杂质，确认 ATF 是否过热变质。

（2）油量检查。自动变速器中油面的高低对变速器的性能影响很大。若油面过高，旋转机件旋转时剧烈搅动油液并产生气泡。气泡混入 ATF 内，会降低液压回路的油压，影响控制阀的正常工作。同时，还会引起离合器、制动器打滑，加剧磨损。若油面过低，油泵吸入空气或油液中渗入空气，同样导致产生前述类似的问题。另外油面过低还会使润滑冷却条件变差，加速 ATF 的氧化变质。一般来说，加入自动变速器中的油液量，应保证在液力变矩器及各操纵油缸充满以后，变速器中油面高度低于行星齿轮等旋转件的最低点，而高出阀体与变速器壳体的接合面。

在自动变速器中，ATF 液面的高低与油液的温度和变速器的工作状况有关，温度升高油面也升高。当自动变速器正常运转时，ATF 充注在变矩器和各油缸油道内，液面下降，熄火后，油面会升高。因此油面高度的检查是在规定的条件下进行。具体检查方法不同厂家的规定各不相同，应按维修手册进行。

下面以丰田卡罗拉为例说明如何进行油位检查。

驾驶车辆，使发动机和自动变速器处于正常工作温度，油液温度 70℃～80℃，如图 7-8 所示。

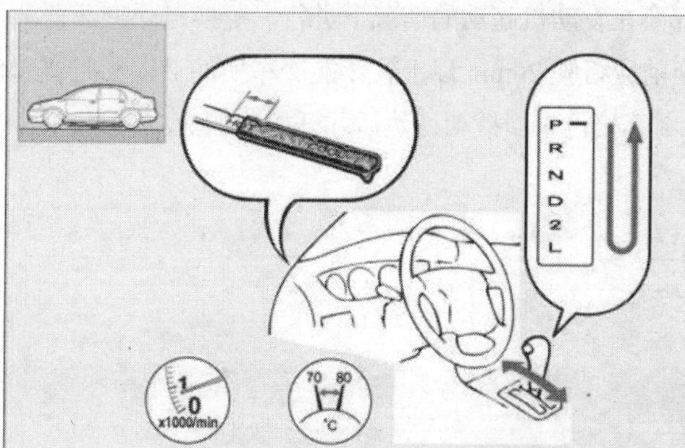

图7-8　自动变速器油位的检查

① 将车辆停放在水平地面上，并驻车。

② 在发动机怠速且制动踏板踩下的情况下，将换挡杆换到从 P 位到 L 位置的所有位置，然后回到 P 位置。

③ 拉出机油尺，并将其擦干净。

④ 将机油尺推回油管中。

⑤ 再次拉出机油尺，并检查液位是否在 HOT 范围内。如果液位低于 HOT 范围，加注新油并重新检查液位；如果液位超过 HOT 范围，排放一次，添加适量的新油并重新检查液位。

6. ATF 的更换

（1）人工换油法。这种方法在行业内俗称“手换”，即打开自动变速器的放油螺丝，让里面的油液自然排出。这是一种旧的换油方式，优点是操作方便，耗时少；缺点是换油不彻底，只能放掉 1/4～1/3 旧油液，大约是 3L。这样，残留下来的旧油会污染新的变速器油，而新旧油混合后，必然会影响自动变速器各方面的性能。目前相当一部分服务店都沿用这种换油方式，所以只能缩短换油时间。

注意

更换自动变速器油必须使用同一品牌的自动变速器油。因为在更换变速器油时，并不能够将所有的旧油全部排出，还有部分旧油残留在自动变速器内部。如使用不同品牌的变速器油与旧油混合后，会直接损坏自动变速器或缩短变速器的使用寿命。

（2）专用换油机更换。这种方法在行业内俗称“机换”。利用机器产生压力，把变速器的润滑油管和散热油管里的油进行动态更换。绝大部分自动变速器的油液是通过发动机冷却水箱进行循环冷却的。机换的方法就是把换油机接自动变速器进入水箱冷却的两根管，用压力进行循环换油。其操作方法是：往专用更换机加入一定量的新油液，通过进油管泵入自动变速器，再从出油管抽出旧液，旧液输入更换机后被机油滤清器过滤，然后又泵进自动变速器，这样不断循环对变速器进行冲洗，冲洗完成后把旧液抽出，泵入新液，整个过程约需要 1h，所需自动变速器油液是 12L 左右。这种换油方式的优点是换油比较彻底，能够放掉 85%以上的旧油液，而且可以把自动变速器内部的油垢和金属屑清洗干净，通过机换的方式，更换油液的周期可以达到 40 000～60 000km；缺点是需要专用机械，耗费的工时多。

（3）两种换油方法都要在发动机起动的情况下进行。更换自动变速器油液，在操作的时候必须是在热车的状态下，更换前应行驶 20min 以上，不能冷车换油。换油时要起动发动机，把各挡位从 P 挡到 R、N、D、L1、L2 等挡位来回拨动，然后才开始换油液。

项目实施

一、项目实施环境

1. 车辆准备

各种类型的待维护车辆。

2. 工具设备准备

常用维护工具、轮胎气压表、机油滤清器扳手、冰点仪、高率放电计、皮带张力计、举升机、保护装置。

3. 资料准备

车辆维修手册、项目任务工单及其他相关资料。

二、项目实施步骤

1. 任务导入

客户王先生购买一辆一汽丰田卡罗拉轿车，厂家建议车辆行驶 40 000km 应进行例行保养，以确保车辆各项性能处于优良的状态，提高行车安全性，延长车辆使用寿命。现在客户车辆已经行驶 39 800km，客户来 4S 店要求为该车进行 40 000km 例行保养。前台和车间主任将该保养任务分配给你，作为车间维修技术员请你按照 40 000km 保养标准流程为客户实施保养。

2. 实施步骤

（1）预检工作

① 安装座椅套、地毯垫、方向盘罩，打开发动机盖。

② 打开发动机盖，安装翼子板布、前格栅布，安装尾排，使用车轮挡块。

（2）车辆 40 000km 维护。按照表 7-2 所示的 40 000km 保养标准流程为客户实施保养。实施过程注意人员和设备安全。由于车辆型号不尽相同，所以部分项目可根据实际车型加以调整。

表 7-2　　　　40 000km 定期保养检查表

定期保养检查表　　（40 000km/48 个月）

施工单号________　行驶里程________　入场时间________

VIN________　车牌号码________

车辆举升位置	步骤	序号	作业项目	检查结果	调整	更换	标准值/极限值	测量值
完全落下	发动机室	1	机油油位、品质					
		2	冷却液液位					
		3	冷却液冰点					
		4	玻璃水液位					
		5	刹车油液位、品质					
		6	转向助力油液位、品质					
		7	ATF 油液位、品质					
		8	蓄电池电解液液位					
		9	蓄电池安装状况					
		10	蓄电池电压检查					
		11	空调制冷剂量					

续表

车辆举升位置	步骤	序号	作业项目	检查结果	调整	更换	标准值/极限值	测量值
完全落下	发动机室	12	空气滤清器检查					
		13	空气滤清器更换					
		14	皮带预紧力					
		15	皮带损伤					
		16	活性炭罐检查					
		17	制动液更换					
		18	燃油管路检查					
	驾驶室	1	大灯操作及点亮					
		2	小灯操作及点亮					
		3	转向灯操作及点亮					
		4	危险警报灯操作及点亮					
		5	雾灯操作及点亮					
		6	仪表警告灯点亮及熄灭					
		7	尾灯刹车灯操作及点亮					
		8	室内灯外观及点亮					
		9	玻璃喷洗器状态					
		10	雨刮状态					
		11	喇叭状态					
		12	方向盘自由行程					
		13	方向盘操作					
		14	方向盘锁止					
		15	制动踏板状态					
		16	制动踏板自由行程					
		17	离合器踏板状态					
		18	离合器踏板自由行程					
		19	油门踏板状态					
		20	手刹工作状态					
		21	手刹指示灯					
		22	怠速状况					
		23	排气声音					
		24	空调制冷效果					
		25	空气制暖效果					
		26	空调滤芯更换					

续表

车辆举升位置	步骤	序号	作业项目	检查结果	调整	更换	标准值/极限值	测量值
完全落下	车辆外部	1	发动机盖					
		2	挡风玻璃					
		3	雨刮片					
		4	车灯外观					
		5	后视镜					
		6	车窗玻璃					
		7	安全带					
		8	儿童锁					
		9	车门					
		10	油箱盖					
		11	行李箱盖					
		12	备胎检查					
		13	确认轮胎螺母紧固					
举升至中位	车辆周围区域	1	调整胎压					
		2	轮毂轴承					
		3	左前轮胎轮辋损伤					
		4	左后轮胎轮辋损伤					
		5	右前轮胎轮辋损伤					
		6	右后轮胎轮辋损伤					
		7	左前轮制动片（蹄）和制动盘（鼓）检查					
		8	右前轮制动片（蹄）和制动盘（鼓）检查					
		9	左后轮制动片（蹄）和制动盘（鼓）检查					
		10	右后轮制动片（蹄）和制动盘（鼓）检查					
		11	轮胎换位					
举升至高位	车辆底部	1	排放机油					
		2	更换机滤					
		3	更换手动变速器油					
		4	更换自动变速器油					
		5	车辆底部油液泄漏检查					
		6	车辆底部零件安装紧固情况					

续表

车辆举升位置	步骤	序号	作业项目	检查结果	调整	更换	标准值/极限值	测量值
举升至高位	车辆底部	7	车辆底部损伤和生锈情况					
		8	排气管检查					
		9	驱动轴护套检查					
		10	球头和防尘套检查					
完全落下	发动机室等	1	加注机油					
		2	拧紧机油加注口盖					
		3	再次确认仪表板警告灯状态					
		4	对车辆、工具等实施 5S					
备注				操作技师： 检查员： 建议下次保养里程： 建议下次保养日期：				

知识拓展

汽车空调维修和保养

为了确保汽车空调能良好运行，发挥它应有的作用。除在使用过程中，按规范操作外，日常维护和保养是非常重要的。通过日常维护、保养可以发现故障隐患，如零件磨损、电器线路接头松脱、管路接头松动、制冷剂泄漏和异常响声等。及时作出处理以保证空调系统正常工作运行。所谓汽车空调的保养，即通过汽车空调系统定期检查和调整，来维护其最佳工作状态及性能。

一、压缩机的维护与保养

1. 在停用制冷系统后，每两周起动压缩机工作 5min

这样做有以下好处。

（1）将冷冻机油输送到轴封上，防止轴封干枯，降低密封作用。

（2）压缩机是精密部件，长时间不用，其精密的配合表面会产生“冷焊”现象。

（3）制冷剂和冷冻机油会产生化学变化，压缩机长期不工作，易在配合表面形成蚀点，破坏零件的光洁度和精度。

2. 检查压缩机皮带张力

汽车压缩机皮带的张力是 376N±50N（约 38kg±5kg）。皮带张力过大，易造成压缩机皮带轮轴承早期失效，表现为压缩机噪声大。如不及时修理会造成离合器损坏。皮带张力过小，易造成皮带打滑，压缩机转速下降，制冷效果差。平常使用过程中驾驶员可以用手翻动皮带，如果皮带能翻转 90°，则张力基本正常。

3. 及时检查冷冻机油泄漏

如果汽车空调系统中，发现冷冻机油泄漏要及时修理，并按规范加注汽车专用冷冻机油。压缩机要注意检查轴封以及压缩机与进排管的连接部位是否有泄漏。

二、冷凝器的维护与保养

主要是要保证冷凝器有最大的气流量。因此，平时要注意冷凝器运行是否正常。经常清洁冷凝器通道，不要被杂物、油污、泥土和昆虫堵塞。清洗时需注意以下几点。

（1）请勿使用高压水枪，否则容易损坏散热翅片，降低散热效果。

（2）除了清洁冷凝器表面，还需清理冷凝器和散热器之间的缝隙，如果这里堵塞严重，往往造成发动机水温过高，同时影响制冷效果。

三、蒸发器的维护与保养

蒸发器同冷凝器一样都是换热器，要求保持通风口清洁、排水道畅通、鼓风机运转正常等。汽车在最大制冷时，注意检查是否有发动机热水通过暖水阀漏进来，以免影响制冷效果。

四、储液罐

储液罐正常使用两年后要及时更换。因为储液罐内的干燥剂使用两年左右就会失效，如果是过饱和地吸收了水分，干燥包容易爆裂，干燥剂粉末会堵塞管路。每次拆开管路进行修理或清洗时，必须更换新的储液罐。

五、空调系统接头

检查各管路接头是否有油污。有油污表明该部位有泄漏，应及时进行维修。汽车空调管路中多采用弹簧锁快速接头，拆卸管接头时必须使用专用工具。不允许使用自制工具或其他代用品，否则容易损坏接头中的锁簧，造成制冷剂泄漏，且一旦损坏无法进行修复，必须更换空调管总成。安装管路接头时，必须使用新的专用密封圈，且需事先涂抹少许冷冻机油，以保证安装顺利和提高密封效果。

六、节流装置

汽车前空调使用的节流装置是节流管，而后空调则采用膨胀阀。清洗管路时最好能同时更换节流装置，以防止再次堵塞管路，甚至损坏压缩机。

不管采用何种膨胀阀，绝对不允许为追求制冷效果而自行调整膨胀阀的开度。否则轻者影响制冷效果，重者造成压缩机液击。

七、其他注意事项

（1）汽车必须使用专用制冷剂，以及专用冷冻机油。

（2）空调系统必须使用清洁、干燥的制冷剂和冷冻机油。系统中有空气，水分及污物都可能对系统的温度和压力产生不良的影响，降低制冷效果，导致系统部件损坏，管路阻塞等。

（3）维修时，打开管路的 O 形圈必须更换，并在装配前涂上冷冻机油。

（4）冷冻机油必须使用汽车专用冷冻机油。

（5）打开管路进行检修后必须更换储液罐。

课后自测

一、填空题

（1）汽车制动液又称__________，是用于汽车液压制动系统中传递压力的液体。

（2）汽车制动液一般分为_____________、____________和合成型三类。合成型制动液是目前使用最多的制动液，可分___________、酯型和硅型三类。

（3）目前常用的刹车油的型号有___________________等。

（4）排放制动液时应按照______________的顺序依次打开放气螺栓。

（5）目前汽车发动机采用的水冷系大都是____________循环式水冷系。

（6）为了控制冷却水温度，冷却系中设有冷却强度调节装置，如百叶窗、__________和风扇离合器等。

（7）目前，国内使用的防冻液有乙二醇水、____________等，其中乙二醇水型使用最为广泛。

（8）合理选用防冻液是保证发动机冷却系统正常工作的重要环节，应当尽量选择质量优良的知名品牌的乙二醇型防冻液，其凝固点比汽车运行地区的最低温度再低__________左右。

（9）冷却液的更换周期一般为___________km或__________年。

（10）国际上采用美国汽车工程师协会（SAE）和________________________的分类标准，来标定齿轮油。

（11）汽车齿轮油的黏度采用 SAE 黏度分类法将齿轮油分为_______个黏度牌号，冬用油一组：_________________；夏用油一组：________________。

（12）根据齿轮的形式和负载情况，我国将车辆用齿轮油划分为_______________、中负荷车辆齿轮油、__________________3个等级。

（13）齿轮油的黏度级别有_______________________________等标号，分别适用于最低气温为−40℃、−30℃、−20℃、−10℃、10℃和20℃的地区。

（14）乘用车手动变速箱油位一般的标准为距离加注口平面的距离为_________mm。

二、简答题

（1）对汽车制动液有哪些要求？

（2）简述人工排放旧制动液的方法。

（3）简述液压制动系统排放空气的方法。

（4）冷却系的大小循环路线是怎么样的？

（5）冷却液如何进行更换？

（6）油箱盖检查有哪几项内容？

（7）手动变速器油如何更换？

（8）自动变速器油的作用有哪些？

（9）如何进行自动变速器油位的检查？

Chapter

8

项目八

车辆非定期维护

任务描述

某车主新购一辆大众 POLO 轿车，走合期结束后，生产厂家免费提供首次保养服务。该维护由车间技术员负责实施，主要内容为机油、机滤的更换及一般常规检查。另外车主还想了解车辆换季保养的相关事宜，请为其讲解。

能力目标

（1）能正确执行操作规范和安全规章。

（2）能在生产过程中贯彻环保的各项规定。

（3）能在生产过程中贯彻 5S 理念。

（4）能熟练介绍汽车走合期维护和换季维护的内容。

（5）能向客户示范车辆走合期维护和车辆换季维护工作。

（6）解答客户有关车辆使用的各种疑问。

相关知识

一、车辆走合期维护

汽车走合期的里程为 1 500～3 000km（部分进口汽车将首次维护里程定为 7 500～10 000km），维护内容主要是清洁、润滑、紧固等。

1. 走合前的维护与保养

走合前维护是为了防止汽车出现事故和损伤，保证汽车顺利地完成走合期的磨合。其主要作业内容如下。

（1）清洁。清洁全车，检查全车各部位的连接情况，全车外露的螺栓、螺母必须紧固。

（2）检查、添加燃油和润滑油料。驾驶新车前，应将各润滑部位按规定加注足够的润滑脂。使用规定标号的汽油或柴油，若不得已改变燃油标号时，需对供油系统和点火系统作相应调整。

（3）检查、补充冷却液，排除"阴漏"现象。检查补充散热器内的冷却液，并检查、排除全车的漏油、漏气、漏水和漏电现象。

（4）检查底盘的技术状况。检查变速器各挡能否正确变换，检查转向机构各部位有无松旷和发卡现象，检查和调整轮胎气压。发现变速器或转向系统等存在故障时，应及时将车进厂维修。

（5）电气系统的检查。检查电气设备、灯光和仪表工作是否正常，并检查蓄电池电解液密度及液面高度。

（6）检查制动效能。检查制动系统的性能，试车检查汽车的制动距离，检查是否有跑偏和制动拖滞现象。

2. 走合中的维护与保养

走合中维护是在汽车行驶约 500km 时进行的，主要是对汽车各部分技术状况开始发生变化的部分进行一次及时的维护，以恢复其良好的技术状况，保证下阶段走合顺利进行。其主要作业内容如下。

（1）润滑。充分润滑全车的各个润滑点。在最初行驶 30～40km 时，应检查变速器、驱动桥、轮毂和传动轴等处是否发热或有异响。若发热或者有异响应查明原因，予以调整或修理。

（2）检查。检查制动效能和各连接处制动管路的密封程度，必要时加以调整和紧固，认真做好总成和机件的检查、调整工作。

（3）紧固。新车行驶 150km 后，需检查一次全车外部螺栓、螺母紧固情况；行驶 500km 时，应将前、后轮毂螺母紧固一次。有些国产汽车需要对缸盖螺栓进行紧固。在紧固时，应按规定顺序由中部开始，依次向两边对角线交叉进行或螺旋线方向进行。

汽车在走合行驶过程中，要注意观察各总成的温度情况，并要随时检查和排除"四漏"(漏油、漏水、漏气、漏电)。

3. 走合后的维护与保养

汽车走合期结束后，应及时将汽车送到厂家指定的维修站进行走合后的维护。这次汽车走合维护的目的，一方面是对汽车进行全面的检查、紧固、调整和润滑作业，使汽车达到良好的行驶状态；另一方面也是生产厂家对汽车售后服务的身份认定。汽车走合后维护的主要内容如下。

（1）更换润滑油、更换滤清器滤芯。

（2）检查、补充发动机冷却液。

（3）检查、调整发动机传动带松紧度。

（4）检查制动系统。

（5）检查离合器踏板自由行程。

（6）检查、紧固悬架和转向机构。

（7）检查整车各部分的泄漏情况并进行排除。

（8）检查轮胎技术状况。

（9）检查整车电气系统的技术状态。

二、车辆换季维护

季节、气候的变化必然会引起汽车运行条件的变化。为了使汽车在不同的地区、不同的季节里都能可靠地工作，在季节转换之前，结合定期维护，并附加一些相应的作业项目，使汽车能适应变化了的运行条件，这种附加性维护称为季节维护或换季维护。

季节维护主要有换入夏季和换入冬季两种情况。炎热的夏季由于气温高、雨量多、灰尘大、辐射强等原因使汽车的技术状态发生变化，同时夏季又是汽车故障的多发季节。因而掌握必要的汽车维修与保养知识非常重要。冬季来临，气温降低，尤其是北方天寒地冻，气温大多在零度以下，还经常会碰到风雪天气。冬季行车安全性应该是首先需要考虑的问题，因为每年冬季来临的时候，也到了汽车碰撞事故的高发期。因此在安全驾驶的前提下，对车辆正确的维护和保养是必不可少的。

1. 夏季汽车的使用和维护

（1）夏季发动机室维护。

① 防汽油、水过度蒸发。在夏季高温下，汽油和水的蒸发都将增加。这时就需要车主随时检查，注意油箱盖要盖严，还要注意防止油管渗油。水箱的水位、制动总泵内的制动液液面高度都要注意经常检查。一旦发现有异样或是不合规范，要及时添加或调整。

② 及时更换适合夏季用的润滑油。夏季温度高，润滑油易受热变稀，抗氧化性变差，易变质，甚至造成烧瓦烧轴等故障。因此，夏季来临应及时检查润滑油是否适合当地夏季气温，若不适合应及时更换。夏季还应经常检查润滑油油量、油质情况，如有异样及时加以更换。

③ 防发动机过热现象。为防止发动机产生过热现象，要经常对汽车散热系统进行全面检测，如查看风扇是否正常、散热器是否有渗漏、是否缺少冷却液等。若散热器漏水，需及时修补或更换；若散热器缺液，需及时补充；若冷却液出现浑浊变质则需要更换。还应注意风扇传动带不能沾机油，以防打滑，且传动带要尽量保持松紧适度。长途行驶途中要注意适时休息，尽量选择阴凉处，并打开发动机罩通风散热。平时也应多关注仪表盘内的水温表变化，若水温表指针偏高，应尽快检查。

④ 防冻液不可少。夏季在散热器里装上防冻液，就不容易被汽车散热器“开锅”所困扰了。此外，防冻液还有防锈、除垢的作用。夏季里，千万不要轻易把防冻液倒掉，也不要向防冻液内加水，这样做会影响防冻液的技术性能，到了冬季，再使用就很麻烦。

（2）夏季车身维护。

① 做好涂面保护。为防止酸性的潮气对涂面造成损害，最简单易行的办法就是给汽车打上一层保护膜，防止涂面褪色老化，如打蜡、封釉、镀膜等。

② 做好天窗维护。入雨季之前，天窗经历了整整一个冬天风沙的侵蚀，在框架、密封条的缝隙里会存有许多沙土，如果不及时清理，在雨季到来时，会降低天窗的密封性，从而出现漏水现象。此时只需打开天窗，用软布和棕毛刷仔细清理一下框架里的沙土，就可以避免因被沙粒卡住而引起的漏水。

③ 防止车身锈蚀。车辆的前风窗处通常设有流水槽及排水孔，可以及时排掉雨水及洗车的积水。当车辆经过冬天、春天后，流水槽往往沉积了许多泥土及树叶，极易堵住排水孔，应及时疏通排水孔，以免排水不畅造成积水。当汽车在泥泞路面行驶以后，一定要及时进行清洗。在清洗时要仔细检查和清洁车门以及车身底部的水孔，特别是要及时清洗车辆下侧的空隙处，以彻底消除潮气的藏匿之处。此外，涂层剥落要及时修复，防止时间长了产生锈蚀。

④ 门窗密封要严密，晴天开门晒太阳。雨季到来前，应对汽车门窗的密封条进行一次全面检查，当密封条密封不严时应及时更换。雨季气候闷热，再加上空气潮湿，是各种病菌繁衍生长的黄金季节。因此要特别注意加强汽车内室的防菌工作，使汽车内室保持干爽卫生，尤其是对汽车坐垫、出风口这些卫生死角更要做好清扫工作。要保持车内环境的干爽整洁，平时还应注意检查车内覆盖物的湿度。一旦遇到天气放晴，最好能将车辆停在日光下接受日晒。打开车门及车窗，让室内空气对流一番，被晒热的车身很快就会排除内部淤积的水汽。此外，阳光中的紫外线还具有杀菌消毒的功能。

⑤ 经常进行车内消毒。雨季是传染病多发季节，车主们常常在车内喷点消毒液进行杀菌灭毒。但是这种方法有时会对汽车内饰等部件造成损坏，而且还会产生水汽，使车内本已有的潮气又大大增加。因此，雨季最好能使用光触媒、臭氧等方法进行消毒。

⑥ 避免在积水中行驶。雨天汽车应尽量避免在积水中行驶，以免污水溅入车辆发动机罩内的电气部分。路过水坑时，要降低车速。如果车辆在积水中行驶，一旦发生发动机熄火情况，切忌立即起动发动机，以免将水吸入发动机内而造成损坏。

2. 冬季汽车的使用和维护

（1）冬季轮胎的使用和维护。

① 冬季轮胎维护的必要性。冬季轮胎除了能提供在非常光滑的路面行驶时所需的牵引力外，更重要的是它能帮助驾驶员更安全地操控车辆，以避免意想不到的危险。

② 使用冬季轮胎的注意事项。注意在同一车轴上必须安装同一规格、厂牌、结构和花纹的冬季轮胎。冬季轮胎磨损至轮胎纵向沟槽中所设的磨损指示标志时（即所剩花纹沟深 1.6 mm 时）应停止使用，并更换新胎。使用正确的充气压力延长轮胎寿命。胎压务必在轮胎冷却后检查。轮胎气压不可太高，但是也不可过低。

（2）冬季车身维护。在入冬前，最好能给车身加上一层质量较高的保护层，如封釉或镀膜等，以抵御酸性雨、雪、盐水的侵蚀。雪后及时洗车，会对汽车起到很好的保护作用。但洗车最好使用温水，不要用冷水直接冲洗。尤其是发动机升温后，车前部温度较高，用冷水清洗会造成急速降温，这样骤冷骤热对车身涂面非常不利。更不能用冷水直接冲洗发动机。

（3）冬季汽车底盘维护。汽车底盘一般是人们最容易忽略也是最容易遭到腐蚀的部位，它同样会影响汽车的使用寿命。常年行驶的汽车，底盘上必然会附着一层厚厚的油污，局部还会生锈，严重影响散热，腐蚀车体。冬季除了气候寒冷的因素外，一些北方城市播撒在融雪剂中的化学药剂的某些成分对汽车底盘也会造成一定的腐蚀。因此每年入冬前最好对底盘做一次封塑处理。做完封塑处理后的底盘不挂水，能有效杜绝雨雪的侵蚀。

（4）冬季风窗玻璃维护。在冬季，使风窗玻璃保持清晰是安全行车的基本条件。平时，也可以在风窗玻璃内侧涂擦一些防雾剂，以防止玻璃起雾。同时还要重点检查有关加热装置，如风窗出风口、侧窗出风口、后窗电热器等，使其处于良好状态。对于玻璃上结的冰，可用柔软毛巾蘸温水擦洗，还可准备一个塑料刮片，将很难擦洗掉的冰轻轻刮掉。注意千万不能用热水冲洗玻璃，更不能用滚烫的开水浇泼，否则容易引起玻璃炸裂。车窗被冻住时不要强行开关，电动车窗尤其要注意，应待其自然融化后再使用。冬季正确的除雾方法是用冷风除雾而不是热风。前风窗玻璃和车窗都应用冷风除雾，注意调节出风口及送风角度，后车窗可用除雾加热装置。

（5）冬季天窗维护。冬天的早晨要等车内温度上升，并确认解冻后再打开天窗。洗车时，即使是使用温水清洗，若水迹未能完全擦净，也会结成冰。洗车后应打开天窗，擦干周围的水分。汽车天窗密封条表面经过喷涂或植绒处理，为避免被冻住，喷涂处理的胶条最好能用软布擦干．再涂上滑石粉，切勿沾上油污。电动天窗设有滑轨，冬季时应经常清理滑轨四周，避免沙粒沉积，每次清理后如能再涂抹少许机油则效果更佳。

（6）冬季防起动困难。冷起动困难的主要原因是发动机温度太低，所以平时只要注意对发动机进行保温，不让寒风直接吹进发动机室，就可以避免这一现象。

最简单易行的方法就是在冬季停车时要注意车头的方向，最好让车头对着建筑物，利用建筑物来挡住寒风，防止发动机被寒风吹袭而过冷。如有条件，在夜间停车时，可将车头对着朝阳方向，使清晨的阳光能尽早照射到车头上，以帮助发动机升温，这样汽车发动时就会容易很多。

冬季应保持蓄电池有充足的电力。长期短途行驶的，要适当在高速上行驶一段时间，给电瓶充充电。此外，还应定期检查电路连接处，保证没有松动、腐蚀等现象。每次起动时间不要超过 5s，3 次起动不了就不要再强行起动了，应该找专业维修人员排除故障。

（7）冬季制动系统的维护。冬季要经常检查制动系统，看制动液面是否正常，注意制动有无变弱、跑偏，必要时清理整个制动系统的管路部分。雨雪天气后，制动盘上会有雪水，晚间如果使用驻车制动，第二天早上可能盘片被冻上，要注意清理，缓慢制动。冰雪路面切忌急踩制动踏板。

（8）冬季其他部位的维护。入冬前应对车灯做一次全面检查：检查所有照明及转向灯、紧急警报灯等汽车灯具是否能够正常工作；检查各种线路是否老化；检查各类熔丝是否松动；检查暖风水管及暖风水箱，看暖水箱有无漏水，出风口出风是否正常；还要注意风扇运转情况等。

项目实施

一、项目实施环境

（1）各种类型的新车。

（2）常用维护工具、轮胎气压表、举升机、保护装置。

（3）车辆维修手册、项目任务工单及其他相关资料。

二、项目实施步骤

1. 任务导入

初冬来临，上海大众4S店推出冬季服务节活动，免费为客户进行10项冬季检测，请按照作业要求为客户实施该检测。

2. 实施步骤

任务实施前准备好各种检测设备和工具，做好车辆防护。任务实施后填写好作业工单，提出检测建议。

（1）第一步：发动机冷却系统（见图 8-1）。根据当地温度使用合适比例原装冷却液（使用冰点仪检测冷却液冰点数值），检查液面，必要时加注。

图8-1 发动机冷却系统检查

（2）第二步：雨刮器/清洗装置（见图 8-2）。检查功能并加注清洗液。

（3）第三步：轮胎检查（见图 8-3）。检查轮胎花纹，气压及轮胎磨损情况。

图8-2 雨刮、清洗装置检查

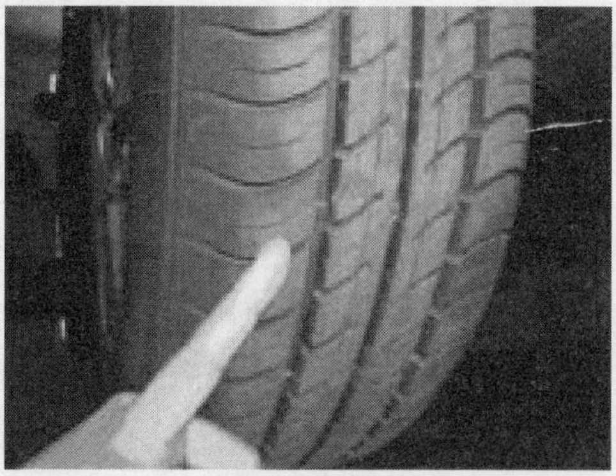

图8-3 轮胎检查

（4）第四步：检查火花塞（见图 8-4）。检查是否有积炭，间隙是否正常。

（5）第五步：检查发动机机油（见图 8-5）。检查机油液面，必要时补充；检查机油是否纯净。

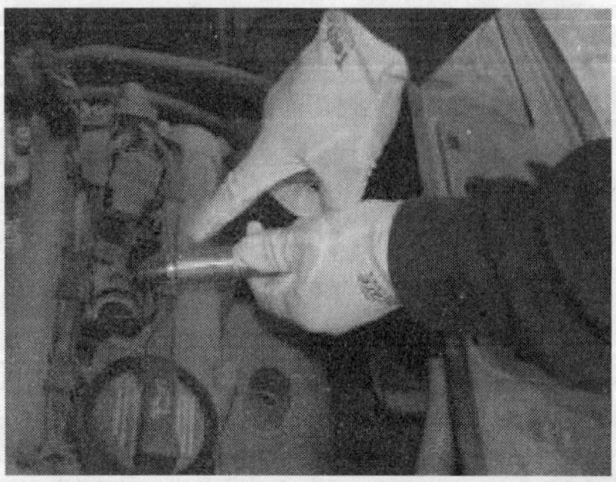

图8-4 火花塞检查

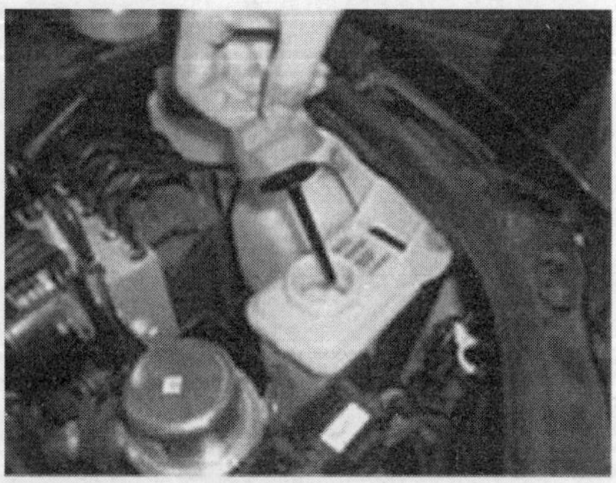

图8-5 机油检查

（6）第六步：发电机皮带（见图 8-6）。检查三角皮带或锲型皮带张紧度是否正常，是否有裂纹，必要时更换。

（7）第七步：检查燃油系统。检查燃油系统压力及汽油滤清器状态，必要时更换。

（8）第八步：检查发动机舱内（见图 8-7）。目测检查各零件是否损坏，各管路是否有干涉以及泄漏。

图8-6 发电机皮带检查

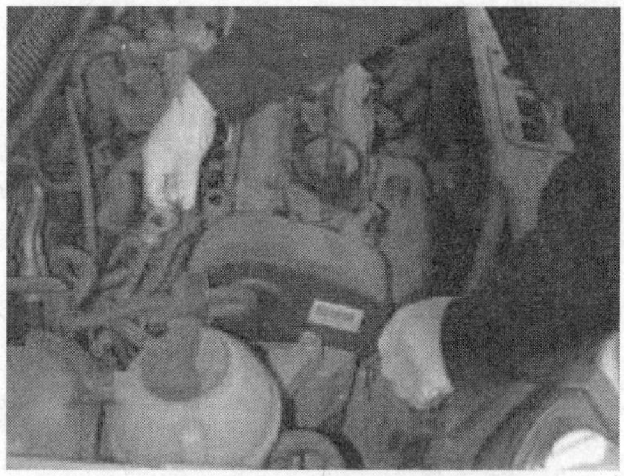

图8-7 发动机舱油液检查

（9）第九步：检查发动机燃烧室和进气道（见图 8-8）。用内窥镜检查积炭情况，必要时建议客户使用汽油清净剂。

（10）第十步：蓄电池检查（见图 8-9）。检查蓄电池状态及电极连接状态。

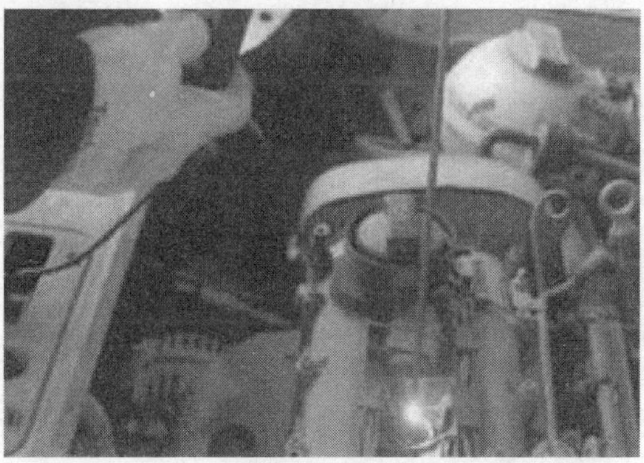

图8-8 燃烧室和进气道检查

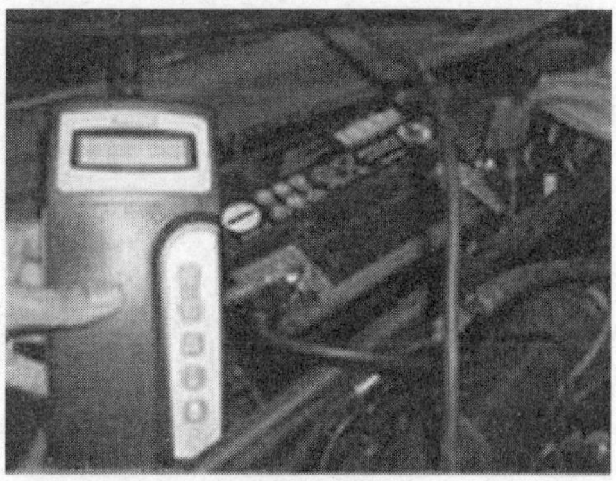

图8-9 蓄电池检查

知识拓展

车辆春季养护

俗话说一年之计在于春，车辆也是如此。不少车在经历了冬季严寒和长假出行后，开春后需要一次全面检查，春季养护的主要内容包括以下几方面。

一、外观

冬季气候严寒，大风降雪天气非常常见，雪水和风沙对于漆面的腐蚀会比较严重。但由于天气寒冷，往往冬季对于爱车的养护会有所懈怠，外加春节是长假出行高峰，自己驾车出游的不在少数。长途过程中天气的变化以及高速行驶残留在车身上的昆虫残害，都会对漆面造成损害，因此这春季养护第一步就是检查漆面。

1. 检查方法

外观方面可以目视进行检查，将车冲洗干净，观察漆面是否污浊或有明显的划痕。必要时用手摩擦漆面看看是否已经失去光滑，或者是否有颗粒状的感觉。当然这些办法只适用于检查，如果漆面需要保养，要去专业的修理店。

2. 处理方法

如果漆面失去光泽或者有颗粒感，可以进行漆面抛光或者打蜡来处理；如果有划痕或者是已经露出白色底漆的情况，一定要赶快去 4S 店维修，因为这种情况长期存在会严重损坏车漆，甚至让划痕后面的钢板氧化生锈。

二、空调滤清器/空气滤清器

空滤和空调滤不及时清理或更换会影响发动机工况，或使有害细菌随风道进入车内，影响健康。

1. 检查方法

对于空气滤芯主要靠肉眼观察。如果比较污浊，可以用吸尘器将尘土清除；如果过于污浊，建议更换。如果开启空调，车内出现异味则证明空调滤芯也该更换了。

2. 处理方法

一般车辆的空气滤清器在发动机舱内，只要把盒子上的卡子拿开就可以更换了；空调滤芯一般会在副驾驶前面的手套箱内，也可直接拆卸更换。

三、油液

1. 检查方法

检查玻璃水、防冻液、机油等的液位，根据标尺或油壶上的标注来查看是否需要添加。

2. 处理方法

按照使用手册规定添加合适标号的油液。

四、轮胎

冬季气温较低，轮胎橡胶变硬，遇到一些磕碰、刮蹭容易出现损伤，尤其是侧壁的伤痕要特别注意。另外一些损伤会造成慢撒气，长时间下去会对于胎压造成影响，直接涉及驾驶安全，经常检查胎压也是很有必要的。

1. 检查方法

一些夹在花纹中的石子应该及时清除。观察轮胎表面，及时发现损伤，远行前后经常检查轮胎胎压。

2. 处理方法

根据检查情况及时修补或更换轮胎。

五、蓄电池

寒冷环境下，蓄电池（电瓶）的工作状态会受到一些影响。经历几次严寒之后，不少上了年头的车会出现清晨着车困难或着不了车的情况，很大一部分原因来自电瓶。因此在专业的维修站进行电瓶寿命的检测是很有必要的。

1. 检查办法

检查蓄电池电解液液位、蓄电池壳体的损坏、蓄电的电量和蓄电池极柱的锈蚀情况等。

2. 处理方法

及时添加电解液或更换。

六、底盘

每年冬季北方城市难免经历几场大雪。泥水雪水外加融雪剂粘在底盘上，会对底盘表面造成严重腐蚀，如果不及时清理在出现托底等情况后，会造成生锈、老化等不良后果。

1. 检查方法

建议在常规保养时进行车辆底盘检查。

2. 处理办法

如果发现底盘损伤或有油液泄漏，及时修理或更换损伤零部件。

课后自测

一、填空题

（1）汽车走合期的里程为________km（部分进口汽车将首次维护里程定为 7 500～10 000km），维护内容主要是清洁、润滑、紧固等。

（2）走合中维护是在汽车行驶约________km 时进行的，主要是对汽车各部分技术状况开始发生变化的部分进行一次及时的维护。

（3）汽车在走合行驶过程中，要注意观察各总成的温度情况，并要随时检查和排除“四漏”，“四漏”指的是________________。

（4）换季维护是指________________。

（5）换季维护主要指________和________维护。

（6）夏季在散热器里装________，就不容易被汽车散热器“开锅”所困扰了。

（7）冬季轮胎磨损至轮胎纵向沟槽中所设的磨损指示标志时，即所剩花纹沟深________mm 时应停止使用，并更换新胎。

二、简答题

（1）车辆走合前维护有哪些内容？

（2）车辆走合后的维护主要有哪些内容？

（3）夏季防止发动机过热的措施有哪些？

（4）车辆冬季维护的主要内容有哪些？

参考文献

[1] 占百春. 汽车维护[M]. 南京：江苏科学技术出版社，2009.

[2] 丰田汽车公司. 丰田售后服务培训汽车维修教程第一级（下）汽车维护操作[M]. 北京：高等教育出版社，2007.

[3] 夏长明. 现代汽车维护与保养[M]. 北京：机械工业出版社，2008.

[4] 陈作兴. 汽车一、二级维护[M]. 北京：机械工业出版社，2007.

[5] 王怀建. 汽车常用维护设备与工具的使用[M]. 重庆：重庆大学出版社，2007.

[6] 谭本忠. 汽车维护教程[M]. 北京：机械工业出版社，2008.

[7] 韩东. 汽车维护保养实训[M]. 北京：高等教育出版社，2007.

[8] 金喜庆. 汽车维护与保养[M]. 武汉：华中科技大学出版社，2008.

[9] 杨智勇. 汽车拆装与维护[M]. 北京：中国人民大学出版社，2009.